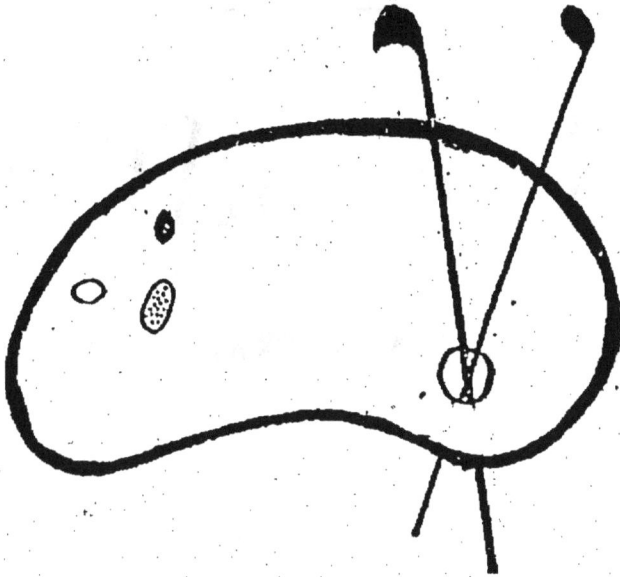

DEBUT D'UNE SERIE DE DOCUMENTS
EN COULEUR

PAUL FÉVAL

PAS DE DIVORCE !

RÉPONSE A M. ALEXANDRE DUMAS

3ᵉ EDITION

SOCIÉTÉ GÉNÉRALE DE LIBRAIRIE CATHOLIQUE

PARIS
VICTOR PALMÉ, directeur général
76, rue des Saints-Pères, 76

BRUXELLES
J. ALBANEL, directeur de la succur.
29, rue des Paroissiens, 29

GENÈVE, GROSSET ET TREMBLEY, Éditeurs.

M D CCC LXXX

OEUVRES DE PAUL FÉVAL

SOIGNEUSEMENT REVUES ET CORRIGÉES

LE DERNIER CHEVALIER
Un volume in-12 (3ᵉ édition)............ 3 fr.

FRÈRE TRANQUILLE
(Anciennement *la Duchesse de Nemours*).
Un volume in-12 (3ᵉ édition)............ 3 fr.

CHATEAUPAUVRE
Un volume in-12 (1ᵉ édition)............ 3 fr.

LES CONTES DE BRETAGNE
Un volume in-12 (5ᵉ édition)............ 3 fr.

LA FEE DES GRÈVES
Légende bretonne
Un volume in-12 (3ᵉ édition)............ 3 fr.

L'HOMME DE FER
Suite à *la Fée des grèves*
Un volume in-12 (6ᵉ édition)............ 3 fr.

LE CHATEAU DE VELOURS
Un volume in-12 (3ᵉ édition)............ 3 fr

LA FILLE DU JUIF-ERRANT
Un volume in-12 (2ᵉ édition)............ 3 fr.

VALENTINE DE ROHAN
Un volume in-12............ 3 fr.

LA LOUVE
Un volume in-12............ 3 fr.

LES ÉTAPES D'UNE CONVERSION

TOME I	TOME II	TOME III
La mort d'un père	Pierre Blot	La 1ʳᵉ Communion

Chaque volume in-12............ 3 fr.

LES ROMANS ENFANTINS
Un volume in-12 (3ᵉ édition)............ 3 fr.

LE MENDIANT NOIR
Un volume in-12 (3ᵉ édition)............ 3 fr.

LES ERRANTS DE NUIT
Un volume in-12............ 3 fr.

CORBEILLE D'HISTOIRE
Un volume in-12............ 3 fr.

FONTAINE AUX PERLES
Un volume in-12............ 3 fr.

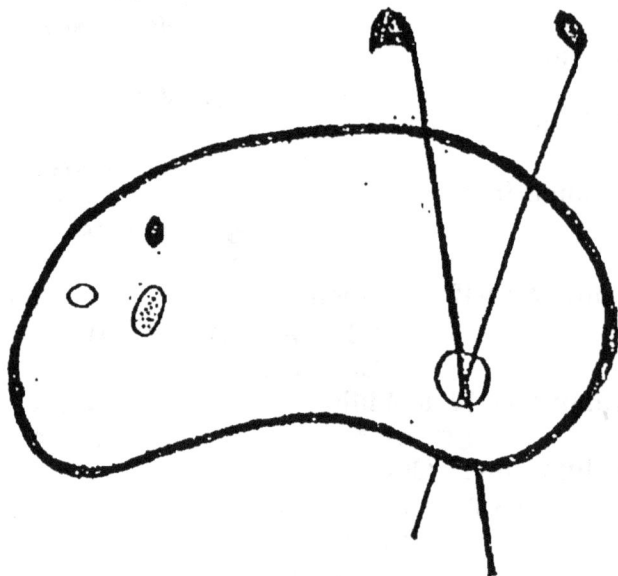

FIN D'UNE SERIE DE DOCUMENTS
EN COULEUR

PAS DE DIVORCE !

PARIS. — IMP. V. GOUPY ET JOURDAN, 71, RUE DE RENNES.

PAUL FÉVAL

PAS DE DIVORCE!

RÉPONSE A M. ALEXANDRE DUMAS

1878

SOCIÉTÉ GÉNÉRALE DE LIBRAIRIE CATHOLIQUE

PARIS
VICTOR PALMÉ, directeur général,
76, rue des Saints-Pères, 76.

BRUXELLES
J. ALBANEL, dir. de la succursale,
29, rue des Paroissiens, 29.

GENÈVE, GROSSET et TREMBLEY, libraires-éditeurs,
4, rue Corraterie, 4

1880

LETTRE PRÉFACE[1]

A MONSIEUR ALEXANDRE DUMAS

MON CHER DUMAS,

C'est l'annonce de votre livre sur le Divorce qui me détermine à prendre la plume. Vous n'êtes pas un homme politique, ce dont je vous fais compliment avec cordialité, mais vous dépensez un talent de premier ordre à soutenir des thèses qui coudoient la morale en traver-

[1]. Écrite le 24 janvier 1880.

4

sant ce glissant carrefour qu'on nomme le
Théâtre. Malgré certaines inquiétudes de votre
charmant esprit, vous croyez être un conser-
vateur, vous l'avez crié d'une voix très sonore
et un peu épouvantée au réveil qui suivit la
Commune. Il est vrai que beaucoup crièrent à
cette époque et que bien peu s'en souviennent.
En ce siècle, tout le monde aime à jouer, les
talents exquis et les cervelles obtuses, avec ces
vieux meubles de la vieille société, les vérités
fanées qui prêtent à rire de leur vivant, mais
auxquelles, pour tombes, il faut des trous si
vastes que la fortune de la France y dort avec
elles, quand elles meurent.

L'Académie, dont vous êtes l'ornement, fut
fondée par un homme d'État de taille colossale,
par un prince de l'Église que l'histoire pour
rire et le théâtre se sont plu à travestir en sceptique. L'Académie, trompée peut-être par ce
mensonge, a érigé le scepticisme en religion.
Ce n'est pas la fougue juvénile qui l'entraîne,

c'est la froide fantaisie de ceux qui ont trop vu,
trop lu, et assez vécu. L'Académie est un
Élysée doctrinaire où des esprits choisis, con-
gelés par l'incrédulité ou l'indifférence, culti-
vent pour leur récréation propre et sans se
rendre compte du danger toutes les curiosités
intellectuelles qui, une fois semées à l'air libre,
en plein champ, croissent en forêts de désas-
treuses négations. Je ne lui fais pas son procès :
ce n'est pas l'importateur du pétrole qui a in-
cendié les Tuileries.

Vous en savez trop, mon cher Dumas, pour
me demander qui je vise en ces apparentes
sévérités : il serait long de vous répondre, très
long, par grand malheur, et je n'ai pas le
temps; l'exemple d'ailleurs que vous donnez
vous-même me suffit, vous si éclairé, si bien
intentionné, si loyal, et qui, piqué tout à coup
par la mouche de l'opposition protestante,
prodiguez le merveilleux talent que Dieu vous
a départi à combattre la religion, la famille et

la patrie, en croyant dur comme fer que vous
rompez une lance en faveur de la patrie, de
la famille et même de la religion.

Vous voilà historien, érudit, théologien col-
lectionneur, dit-on, d'une foule de textes dont
j'espère vous démontrer l'inanité; vous avez
fait des études considérables et très en dehors
de vos travaux habituels; vous possédez la
question du Divorce parfaitement dans la rai-
nure choisie par les utilitaires qui provoquent
le désastre de cette loi et qui sont au fond vos
ennemis sous le rapport littéraire comme sous
le rapport philosophique : le bas de la question
vous appartient, mais en avez-vous suffisamment interrogé les sommets ?

Vos alliés d'un jour savent où ils vont; ils
donnent de parti pris ce coup de pioche révolutionnaire : en est-il de même de vous? Je vois
votre sourire; vous vous demandez si j'ai la
prétention de convertir un homme ferré
comme vous l'êtes et qui a puisé ses convic-

tions passionnées à la source même de sa vie, c'est-à-dire au creux profond de l'art dramatique. Non. Parmi ceux qui parlent vous êtes surtout de bonne foi. Le théâtre vous tient et vous mène, vous y allez de tout votre cœur. Les autres ont un but politique et démolissent dans le mauvais intérêt de leur erreur ; vous n'avez, vous, aucun intérêt qui se puisse chiffrer : vous faites comme toujours une pièce et n'y jouez aucun rôle.

Je vous réponds bien plus pour vos lecteurs que pour vous-même, pour votre « galerie », comme vous l'avez dit. Elle est, en effet, composée comme pas une et il s'y trouve un peu de tout, même des chrétiens. Tandis que M. Naquet et autres sont lus seulement par des complices abondamment prévenus et pervertis, vous avez, vous, un auditoire divers, indécis, élégant, flottant, qui n'a point de parti pris dans l'affaire et qui vous écoute pour tuer le temps, comme au Gymnase ou à la Comédie française.

M. Naquet écrit pour ses pareils. Je n'ai rien à leur dire, ils ne m'entendraient pas; à ceux qui vous lisent, au contraire, vous aurez inculqué des idées nouvelles pour eux, des idées dangereuses et que d'avance je ne crois pas justes. Le double attrait de votre renommée et de votre éloquence aura pu les entamer : il me semble utile et pressant d'opposer à votre breuvage l'antidote de la vérité toute simple et toute pure.

Beaucoup, je n'en doute pas, se boucheront les oreilles pour ne point m'entendre; mais n'eussé-je accès qu'auprès d'un centième de vos lecteurs, je n'aurais pas perdu ma peine.

Le promoteur de la loi reconnaît lui-même [1] que « l'opinion publique, en France, est contraire à l'établissement du divorce. » Par ces mots « opinion publique », il n'entend certes point le peuple, toujours prêt à accueillir docilement

---

1. M. Naquet, *le Divorce*, p. 3.

les choses mauvaises offertes par ses maîtres occultes, mais bien cette classe moyenne des gens de mouvement, d'affaires, d'art et de plaisir, qui fait à elle seule chez nous les succès et les chutes. L'esprit de famille existe dans cette classe, combattu par divers courants dont l'ensemble compose l'âme mobile et frivole de notre monde bourgeois. Vous avez sur cette âme, mon cher Dumas, une incontestable influence; je ne voudrais pas affirmer que cette âme ait confiance en vos philosophies, mais elle aime à les connaître et elle s'y laisse aller pour un moment, comme on suit la mode.

Vous êtes souvent la mode même.

Dans la circonstance où nous sommes cette classe dont le haut bout est votre vraie clientèle au théâtre et dans le livre, va subir de votre part un entraînement littéraire de l'espèce la plus mauvaise, parce qu'il se produira sous forme de discussion préparée à loisir, ayant une physionomie presque sérieuse. Vous êtes

ici sur votre terrain, je dirais presque sur votre
théâtre. Le labeur de toute votre vie y est avec
vous. Voilà tant d'années que les princes et
les princesses dont vous êtes le père nous prê-
chent le divorce sur la scène sans ambages ou
à mots couverts ! Vous avez précédé M. Naquet
de beaucoup : le divorce est à vous bien plus
qu'à lui.

En outre, vous arrivez avec les arguments
qui séduisent les mondains. M. Naquet sera
très puissant sur la Chambre telle qu'elle est,
composée de bonnes gens à sa taille, éduqués
par les mêmes pédagogues ; mais sur le public
bourgeois sa thèse jacobine, soutenue d'un
cœur naïf, selon la coutume de ces vieux éco-
liers à la fois turbulents et soumis qui radotent
avec dévotion les énormités de 93, ne produi-
rait absolument aucun effet. Je n'aurais point
pris la peine de répondre à son exposé solennellement futile, ni au rapport pesant de
M. Léon Renaud, d'autant que le vote de leur

détestable loi parait assuré d'avance dans l'état de santé politique où nous sommes. Ceux qui nous mènent ont besoin de fautes à commettre ; ils gobent l'occasion de toutes celles qu'on leur offre, et comme Titus, ce faux bonhomme d'empereur, quand ils n'ont pas eu le loisir, dans les vingt-quatre heures, de donner un pauvre coup de maillet à l'édifice social, ils pleurent la perte de leur journée.

Vous regretterez, mon cher Dumas, de vous être attelé à la brouette de ces gens-là, ne fût-ce qu'une fois en votre vie.

Cela leur suffit, et voilà pourquoi peut-être les républiques ont tant de peine à conserver leur santé : c'est qu'elles sont des agrégations d'indisciplines, et que chacun y regarde d'un œil fauve le droit ou la liberté du voisin, qui borde trop étroitement son propre droit et sa propre liberté.

1.

Ce culte irréfléchi du *moi*, qui est la religion révolutionnaire, rétrécit tout ce qu'il a l'air d'élargir. Quand la patrie lui devient insuffisante et qu'il préconise sa redondante « Humanité », c'est pour gonfler une grenouille, l'égoïsme individuel, à la grosseur non pas d'un bœuf, mais d'un monde. Pour les dévots du *moi* ce n'est point le citoyen qui se doit à l'État, c'est l'État esclave et tyran qui doit fournir le pain du corps et de l'esprit à chaque citoyen tyran, mais esclave. On nomme cette sonnette fêlée qui a déjà tinté plus d'un tocsin le *Socialisme*. Les petits pachas qui en jouent crient : Vive la liberté ! comme les autres en fabriquant la camisole de force qu'ils destinent à l'homme émancipé.

Les mots restent en effet debout au milieu de nos décombres, comme des murailles démantelées parmi des ruines.

Seulement, chacun en altère le sens pour le plier à son commerce, et le fameux mot *li-*

berté individuelle désigne le droit qu'un répu-
blicain perfectionné doit avoir de marcher sur
la libertè d'autrui.

Il faut vivre, c'est-à-dire il faut jouir, puisqu'il n'y a rien au delà de la mort. Tous sans
exception, les messieurs et les dames, les pauvres et les riches, nous payons à la société l'im-
pôt de l'argent ou du sang. Cela nous constitue
créanciers. La société croit-elle se libérer envers nous avec des tribunaux et des gendarmes?
Nous voulons l'abolition de toute charge sociale
et de toute liberté qui fait obstacle à notre liberté. Dieu nous gêne: à bas Dieu ! Nous nous
trouvons avoir une famille qui ne nous plaît
pas : à bas la famille! Société, sois obéissante :
ces deux coups de balai sont un *minimum*;
nous te demanderons bientôt autre chose. Société, tu as de l'âge et des rhumatismes; ta
vieillesse peu respectable nous encombre: exé-
cute nos ordres et vite, pour qu'un do ces
matins nous n'ayons pas à répéter ce que nous

avons dit déjà plus d'une fois : A bas la société !

Certes, mon cher Dumas, vous ne raisonnez
pas ainsi; mais vous êtes, et c'est votre malheur
pour un jour, dans les rangs de ceux qui pensent de la sorte.

Vous savez que toute plainte naît d'une infir-
mité, toute révolte d'une injure réelle ou sup-
posée. Vous n'ignorez point combien il serait
triste et peut-être même malséant d'établir la
statistique pittoresque des ennemis de la famille,
dont les uns l'attaquent franchement, dont les
autres se donnent avec une enfantine perfidie,
les gants de protéger le foyer domestique en
l'éteignant. Les plaies invisibles du cœur engendrent un besoin de revanche comme les dif-
formités physiques, et j'ai perdu bien des heures douloureuses en ma vie à essayer l'analyse
exacte de la démangeaison qui chatouille certaines cervelles suragitées.

Il y a de vilains martyres et des vengeances

aveugles., Les apôtres enthou ... tes du *moi*, quand ils laissent écumer leu. .ancunes, font toujours semblant de plaider un procès d'intérêt public. J'ajoute qu'ils sont parfois sincères dans ce rôle, et que la multitude croissante des char- latans confits en loyauté prend une place de plus en plus importante dans notre monde mo- derne.

J'avais quelque chose à dire sur ce sujet énorme : le mariage menacé dans son essence même, qui est l'indissolubilité. A qui parler cependant? à M. Naquet, dont le livre est muet dans ses longueurs et qui n'a d'ailleurs qu'à se baisser pour cueillir à terre sa majorité mûre? à M. de Girardin, dont l'esprit hardi monterait peut-être jusqu'à la vérité, s'il avait Dieu avec lui, mais qui s'égare dans des lointains si étran- ges, parce que Dieu lui manque? à M. Léon Re- naud?... Je n'en voyais pas l'opportunité, non

plus que de souligner certaines audaces libéra-
loïdes, tombées à l'improviste d'une bouche respectable, en un lieu que je ne veux pas même
nommer, et que la publicité des journaux ra-
massa en les dénaturant peut-être.....

La cause du mariage chrétien, c'est-à-dire
indissoluble, est momentanément perdue devant
les triomphantes ardeurs de la religion du jour,
qui a choisi pour idole le caprice individuel ;
on va nous tuer le mariage comme on nous a
écrasé l'infâme jadis, pour donner du large à
de libres entournures qui veulent gesticuler à
l'aise, dût la société en souffrir et en mourir ;
chacun doit jouir sans entraves ni souci d'autrui, c'est la conquête de l'ère moderne : la loi
n'a plus à s'occuper de morale, mais de « con-
fort », comme disent les anglais. « Où il y a de
la gêne il n'y a pas de plaisir : » telle pourra
être en une douzaine de mots, connus officiellement à la barrière, l'exposé des motifs de la
disposition nouvelle, et je défie bien qu'on trouve

une seule guinguette où cette argumentation
ne soit pas admise cordialement.

J'hésitais, je n'étais pas sûr de posséder assez
de science pour confondre certaines ignorances.
J'ai publié des livres frivoles autrefois et il n'y
a pas encore bien longtemps que j'ai changé de
voie, ébloui, sur le tard, par les évidences de
la philosophie catholique. Il me fallait un prétexte pour élever la voix : vous voici, mon cher
Dumas ; je vous prends. Votre présence dans
l'arène y expliquera mon entrée à ceux qui ne
connaissent pas encore le caractère de mes
études nouvelles. Mon vœu n'est pas de parler
contre votre livre, que je n'ai pas encore sous
les yeux au moment où je prends la plume,
mais de battre le principe même du divorce à
propos de votre livre. Je vous connais trop
pour ne pas être certain à l'avance que votre
livre sera très différent du projet de M. Naquet
délayé en un volume : c'est tant mieux pour
vous surtout et tant mieux aussi pour moi,

car je trouverai indubitalement chez vous des
thèses auxquelles il ne sera point inutile d'opposer une riposte.

Vous vous appelez pour l'instant *la Question
du divorce* : le titre est large et délimite très-
exactement la carrière que je prétends fournir.
Il ne s'agit point pour moi, seulement, de la
loi actuelle, triste chose, plus mauvaise sans
comparaison que n'importe quelle autre loi
ancienne ou moderne, portée sur la même
matière ; elle ne durera pas : rien ne dure des
œuvres de ces artisans qui sont bons pour détruire, mais incapables de fonder. Il s'agit du
divorce en soi à quelque degré qu'on le puisse
prendre, c'est-à-dire de l'échec au principe
absolu de l'indissolubilité du mariage, base de
la famille et par conséquent de la société, qui
n'est et ne peut être que le produit direct de la
famille.

Je hais le divorce indépendamment même de
ma foi religieuse, en dehors de tout attrait ou

de toute répugnance politique : il est, selon moi, nuisible toujours et ne peut jamais être utile ; c'est un faux remède, un remède mortel : je hais le divorce comme j'aime la patrie, j'allais presque dire comme Dieu, qui créa le mariage en créant l'homme et en tirant de l'homme la femme, chair de sa chair.

On ne va jamais impunément contre le droit de nature, dont toute loi née viable doit nécessairement découler ; et je n'entends pas ici la nature des brutes, qui s'accouplent au hasard, mais la nature des hommes, étant homme moi-même et parlant de l'homme à des hommes. De tous les crimes que peut commettre un législateur ignorant ou imprudent, — et ils sont nombreux, ces crimes, — le plus funeste est celui qui rabaisse la nature au niveau de ce qu'elle contient de bestialité par en bas.

On ne va jamais impunément contre la morale, que toute loi née viable doit respecter, suivre et soutenir. Une loi qui blesse les mœurs est en même temps une extravagance et un sacrilège.

On ne va pas davantage contre la politique, ce mot si amplement deshonoré étant pris ici non point dans le sens usuel qu'on lui donne pour désigner les hauts et les bas de notre bagarre parlementaire, mais dans son vrai sens, qui exprime l'ensemble des intérêts d'un peuple.

Contre le droit positif, qui émane du droit naturel, le change en loi écrite et l'approprie aux mœurs, on ne va pas non plus, il est superflu de le dire.

Enfin, comme la religion est le principe et la fin de toute chose ici-bas, on ne va pas contre la religion quand on est loi.

Or voici quel va être mon livre, où j'ai dépensé, je l'avoue, un très laborieux effort. Il fera d'abord en quelques pages l'histoire com-

plète de la chose qu'il attaque : le divorce, depuis le commencement des âges jusqu'à nos
jours, et ce sera son introduction.

Puis, abordant le fond, il prouvera, selon
cinq grandes divisions principales, que le divorce est contraire à ces cinq autorités :

LE DROIT NATUREL,

LA MORALE,

LA POLITIQUE,

LE DROIT POSITIF,

LA RELIGION.

Cela étant fait, mon livre abordera la division
annoncée de votre œuvre au point de vue sen-
timental ou de doctrine : *l'homme, la femme,
l'enfant,* l'enfant surtout, puisqu'il est roi ici et

qu'il domine toute la question du divorce. Et
vous me fournirez de la sorte l'occasion de conclure.

Sincèrement à vous.

PAUL FÉVAL.

Post-scriptum. — Je viens de lire votre livre, dont vous m'aviez refusé communication préalable, à cause de vos engagements très étroits avec *le Figaro.* Cette lecture m'a étonné et chagriné, non pas que votre talent n'y soit, mais il y est mal placé et comme à la gêne. On dirait, à travers vos religiosités si vagues, que l'impiété ambiante vous a pénétré tout à coup comme une malaria, vous que je croyais d'une santé plus robuste ; vous, Dumas, vous trébuchez dans la flaque des calomnies banales : vous insultez le confessionnal avec autant de naïveté que pas un romancier à cinq centimes ; vous vous battez contre le bon prêtre, à qui vous répondez avec des ardeurs de jeune homme, et quand vous croyez lui avoir fait échec, vous vous écriez naïvement : J'ai vaincu l'Église !

L'Église se porte aussi bien dans son martyre que dans ses triomphes.

Vous haïssez les jésuites et vous leur prodiguez à flots des insultes non inédites. Vous les appelez parfois les « fils de Loyola », comme feu ce bon Dulaure ou Pigault-Lebrun ! Certes, vous n'attendez pourtant rien de M. Jules Ferry, dont vous copiez ainsi le style. J'ai droit d'être étonné et d'être chagriné : je vous savais bourgeois, ce qui est la faiblesse des poètes, mais tant que cela, non !

Votre père, merveilleusement doué comme vous, n'était pas plus dévot que vous et avait les mêmes raisons que vous de ne point aimer la longévité des choses légitimes ; cependant il lisait l'histoire autrement que vous, et quand j'ai écrit mon petit livre intitulé *Jésuites !* qui a eu presque autant d'éditions que les vôtres, j'ai trouvé dans Alex. Dumas père de nobles et belles pages flétrissant avec vaillance, avec intelligence surtout et patriotisme, le crime du duc de Choiseul, dont vous semblez tombé le coreligionnaire en Jansénius. Vous dédaignez de Bonald. Et de Maistre ? Vous caressez Jésus avec les propres blandices de M. Renan. Êtes-vous donc à ce point de l'Académie?

Personne n'a admiré votre talent plus que moi ; cela dure encore. Mais le paradoxe, aimable au théâtre, n'est pas toujours à sa place ailleurs. Le théâtre vous suit comme un compagnon trop fidèle, je dirais presque comme un remords ; son bras inévitable est rivé sous le vôtre à demeure ; il vous souffle des tirades qui sont parfois fort jolies, mais qui, d'autres fois, effarouchent la gravité voulue de votre discussion ; par moment, cet obstiné théâtre me coudoyait dans ma lecture et me produisait l'effet de M. Coquelin aîné émaillant de son sourire les jardins de la politique opportuniste. Un instant même je me suis arrêté sérieusement scandalisé de la bonne farce de coulisses que vous jouez à Molière en lui faisant, bien malgré lui, verser une gorgée des vilainies de *Tartufe* sur la robe noire des Jésuites de Clermont.

Molière aimait les Jésuites, parce qu'il les

connaissait ; et c'est parce qu'il connaissait ;
comme votre père, vos nouveaux amis les Jansénistes, qu'il a écrit *Tartufe*.

Au fait, le théâtre n'est peut-être pas déplacé
comme rapporteur-adjoint dans l'exposé des
motifs d'une loi de théâtre, faite manifestement
pour les personnes de mœurs très faciles. La
loi vous appartient dans une certaine mesure,
comme vous le démontrez en rappelant très
souvent votre mot de théâtre : « tue-la », qui,
selon vous, l'a faite. Ce mot, que je tâcherais
d'oublier si je l'avais écrit, a pu tuer en effet,
mais contre votre gré, assurément, car vous êtes
le plus doux et le plus charitable des hommes.

J'ai ajouté ce *post-scriptum* à ma préface
pour prévenir mes lecteurs que la lecture de
votre livre a changé quelque peu la nature du
mien. Je vous *répondrai moins* que je n'avais
compté le faire. Vous me paraissez être dans
un vague où je ne juge pas utile de vous suivre.

Le livre des livres (interrogez vos chers protestants), la Bible n'a en vérité pas besoin de pauvre moi pour se défendre contre pauvre vous.
A travers des pages émues et presque pieuses
où la grandeur de l'Eglise est exaltée , vous
niez les papes, les évêques et même les saints.
Il vous arrive une fois, à vous qui êtes pourtant
généreux, de nier jusqu'au pardon, parce qu'il
est chrétien !

Vous espérez pourtant, on le voit, un prêtre
à votre lit de mort, en un temps qui tardera
beaucoup à venir, je le souhaite. Vous n'êtes
pas un incrédule : vous croyez à vous d'abord,
ensuite à un certain Dieu qui change selon
l'heure et que les gens d'esprit comme vous ont
mission d'amender en l'allongeant et en l'élar-
gissant.

Puis voilà qu'entre deux blasphèmes incons-
cients, vous vous souvenez tout à coup des joies
admirables de votre première communion, décrites par vous ici en une page que j'applaudis

de tout mon cœur, car elle est un maître joyau
dans votre écrin littéraire; mais cela ne vous
réconcilie point avec l'Eglise, qui vous a pris,
dites-vous, le monopole des dames, et vous la
turlupinez en ces façons, par exemple : « L'Église
a autorisé le divorce pendant dix ou douze siècles, *même pour les prêtres...* » Je ne sais
pas répondre à cela.

Je ne vous crois certes point capable de vous
donner ce cuisant ridicule de fonder une religion nouvelle, religion de théâtre ou non ; mais
vous attendez un autre messie, vous en attendez plusieurs, deux, trois, quatre ou davantage,
destinés à remonter périodiquement l'horloge
humaine pendant « les millions d'années ou de
siècles », durée approximative de la vieillesse
du monde, selon vous; destinés surtout à mettre
d'accord ces éternels adversaires : la science et
la foi. Votre illustre collègue et homonyme
M. J.-B. Dumas, si vous voulez le questionner
à ce sujet, vous apprendra que cet accord est

chose faite, mais qu'il y a des esprits mal faits dans la science comme ailleurs.

Enfin je suis assuré que vous n'êtes point un « radical » dans le sens actif du mot : vous auriez tout à perdre si cette plaisanterie de l'égalité sociale devenait une réalité, fût-ce même à l'essai ; mais je vous vois dans votre livre beaucoup plus *avancé*, par places, et plus hasardeux que M. Naquet lui-même, à qui je n'ai pas jugé opportun de répondre. Vous allez jusqu'à nier que l'enfant (dont vous avez dit, p. 254 : « L'ENFANT N'AIME PAS !!! ») soit le but providentiel du mariage, à cause de certaines unions qui ne sont pas fécondes. Je ne répondrai pas plus à ces froides gaietés que je ne répondrais au philosophe niant que la terre arable doive produire le pain, parce qu'il aurait rencontré sur sa route un sillon infertile. Je répliquerai à quelques pages éloquemment erronées, sur Dieu tel que vous le concevez, sur l'homme et sur cette créature étrange, hystérie, exagération de sentiment et de sensation, que vous appelez la femme (au théâtre). C'est pour celle-là que vous voulez le divorce, vous le dites. Nos femmes, mon cher Dumas, ne ressemblent point à cela ; absolument point, ni d'aucun côté : c'est pourquoi (entre mille raisons) nous ne voulons pas de votre divorce, ni elles non plus.

A votre place, n'ayant rien à donner aux vraies femmes, en échange de leur Dieu, sinon des paroles inconsidérées et de bonne vente, je leur laisserais Dieu purement et simplement. Elles vous en sauraient gré.

P. F.

INTRODUCTION

COUP D'OEIL HISTORIQUE.

—

Le divorce est une déformation de la loi naturelle. Deux mots d'abord sur l'histoire de
cette verrue que le projet nouveau engraisse et
grossit à la taille d'une gibbosité. L'auteur du
projet fait naître le divorce en 1792, trois ans
après la naissance du monde, qui fut créé,
comme probablement il le pense, en 1789.
Ayant ainsi biffé l'expérience de soixante

2·

siècles pour le moins et mis à la place les stériles soubresauts qui secouent nos institutions
depuis quatre-vingts années, il peut éditer ce
théorème, base principale de son argumentation : « Le Divorce est conforme aux principes
généraux de notre droit public. » Tant pis pour
notre droit public, si pareille affirmation pouvait être prise au sérieux ! mais cela dépend du
point de vue.

Dans Athènes, une fois, avant 89, il y eut
un concours entre sculpteurs pour l'exécution
d'une statue destinée à couronner le temple
de Minerve. Le jury se réunit dans l'Agora,
sous l'œil du peuple, et les statuaires présen-
tèrent leurs œuvres, qui furent en général
trouvées très belles. Les juges hésitaient entre
toutes ces Pallas, conçues et exécutées selon la
pureté de l'art attique. En décernant le prix on
combla d'éloges tous les concurrents excepté
un seul, pauvre bonhomme qui avait voituré
sur un chariot un bloc de chêne presque in-

forme, mal dégrossi à coups de hache. Les
Athéniens aimaient à rire et s'en étaient donné
sur son compte à cœur joie ; il y eut dans
l'Agora un vaste éclat de gaieté quand on le
vit monter sur l'estrade pour protester contre la
décision des juges. « O Athéniens, dit-il, tout
dépend du point de vue. L'objet du concours
est une statue à placer au sommet d'un édifice :
est-il sage de regarder toutes ces Pallas de si
près ? Je demande que, pour les juger, on place
chacune d'elles au lieu même où elle doit être
érigée. » Je ne sais pas ce que le jury pensa,
mais le peuple trouva la chose raisonnable, et
les statues furent hissées au faîte du temple.
Vous devinez ce qui arriva: Les œuvres les
plus admirées parurent mesquines à cette dis-
tance et même grotesques, tandis que le bloc
informe, dégrossi selon les lois de la perspec-
tive, se trouva être une superbe déesse et
conquit définitivement le prix.

Athéniens de Paris, le bonhomme au bloc de

chêne était un grand artiste, et il avait raison.
Ce n'est pas seulement pour les Pallas que tout
dépend du point de vue. Juger le divorce à travers les quatre cinquièmes de ce siècle malheureux et tourmenté, c'est vraiment s'y prendre
de trop près : croyez-moi, reculons-nous. Vous
avez à décider entre le divorce et le mariage :
vous devez donc, pour juger équitablement, demander au mariage et au divorce qu'ils produi-
sent devant vous leurs états de service depuis
l'origine de la famille, qui est l'origine du
monde.

L'humanité est sortie d'un couple unique, et
depuis le jour où, pour la première fois, une
femme a été donnée à un homme, la loi naturelle a dit : Il n'y a sur terre pour un homme
qu'une seule femme et pour une femme qu'un
seul homme ; c'est l'institution du mariage naturel et de son indissolubilité, c'est la loi de la
nature humaine. Ou la nature humaine chan-

gera, ou la loi ne changera point. En vain les législateurs pourront avoir la prétention de la modifier. Le mariage indissoluble existait avant les sociétés, car c'est de lui qu'elles sont sorties; ceux qui définissent le mariage un contrat civil, datent de 89.

Comme le mariage existait avant les sociétés, la loi naturelle existait avant les lois positives, dont elle est la source: donc jamais les lois positives ne pourront contredire les prescriptions de la loi naturelle, qui établit l'indissolubilité. Cela ne veut pas dire que les lois positives des sociétés civiles doivent rester étrangères au mariage. Nous traiterons cette question plus loin. Quant à présent, nous faisons de l'histoire et nous tirons en passant les conséquences logiques des faits. Dans l'ordre des faits, c'est-à-dire historiquement, l'humanité doit respect à la famille comme la fille à sa mère, et les mœurs de la famille sont les règles des sociétés, qui, en suivant cette voie droite, vont naturellement au progrès politique et au bonheur social. Si, au contraire, l'aberration, la passion ou un intérêt mal entendu portent les sociétés à chercher l'esprit de leurs lois ailleurs que dans les sources pures des mœurs domestiques, si l'État prétend imposer à la familic des règlements capricieux et antinaturels, le désordre naît, la maladie sociale se déclare, l'heure de la décadence sonne et un peuple est menacé de mourir.

Les enfants du premier couple humain et leurs descendants se marièrent ensemble, selon la nécessité. La nature, qui les fit naître à peu près de nombre égal dans les deux sexes, confirma ainsi dès lors la loi de la monogamie indissoluble promulguée au commencement par le Créateur, et le même fait se continuant à travers les âges prouva constamment la perpétuité de la même loi.

Les hommes, en se multipliant, formèrent des nations, où la pureté première des mœurs s'altéra; la polygamie prit naissance dans ces chutes et valut à son fondateur Lamech la malédiction du Seigneur. Outre la licence croissante, la polygamie eut deux causes naturelles : d'abord le besoin de peupler la terre, ensuite la nécessité de maintenir un équilibre entre les deux sexes, dont l'un était sans cesse décimé par les guerres. Les hommes vivaient au fond de leur chute, dit la Bible.

Alors on voit sortir du sein d'un seul homme, Abraham, et grandir au milieu du monde, un peuple neuf, étranger aux autres peuples, dont l'histoire sera aussi extraordinaire que son origine et sa mission. Instrument providentiel il est solennellement appelé à devenir le gardien des traditions humaines, le dépositaire de la loi naturelle, le type de la vie sociale, le témoin de l'histoire, l'exemple toujours vivant des justices de Dieu et la souche d'où sortira le Réparateur de l'humanité.

Porté par sa destinée, le peuple juif jettera sur

le monde un long et rayonnant éclat. Comme nation, il périra d'un châtiment incomparable, mérité par un crime sans égal : le déicide ; comme race, il sera immortel, et chez lui la famille qui a formé la nation naissante survivra à la nation morte pour l'enseignement des âges à venir.

Son fondateur, qui a deux femmes, l'une épouse, l'autre esclave, reçoit ordre, en renvoyant Agar quoique mère et en gardant Sara quoique stérile, de renoncer aux mœurs des gentils pour rentrer sous la loi primordiale du mariage indissoluble. Entre ses descendants, Isaac seul observe fidèlement cette loi; et déjà Jacob, entraîné par la coutume des Chaldéens, chez qui il habite, donne à ses douze fils l'exemple de la polygamie.

Moïse la tolère et autorise la répudiation. Quelques-uns trouvent ici un argument contre l'indissolubilité et disent : Les lois de la nature sont uniformes et stables ; si la répudiation

n'était pas contraire au droit naturel chez les
fils d'Abraham , le divorce ne saurait être condamné par le droit naturel chez nous. Demandons à ces logiciens qui ferment les yeux pour ne
point voir la différence des temps s'il leur con-
viendrait de rétablir les mariages entre frères et
sœurs, sous prétexte que ces unions étaient per-
mises par la loi naturelle chez les descendants
immédiats du premier couple humain. La loi
naturelle, stable et uniforme dans son essence,
subit comme toute chose ici-bas la pression des
circonstances : la loi naturelle de pudeur n'est
point blessée par la nudité des petits enfants ;
la loi naturelle de charité n'empêche ni le juge
de condamner, ni le père de punir, ni le soldat
de frapper. A mesure que les situations naturelles changent, l'application de la loi naturelle
peut et doit se modifier. Nous n'avons pas,
comme les Hébreux, des déserts à peupler *per
fas et nefas*, et il serait assurément superflu de
démontrer que tel fait légal peut être un bien

3

naturel dans l'état d'une société qui commence, et devient un mal naturel dans la plénitude du développement de cette même société.

Les Hébreux du temps de Moïse avaient été élevés chez les Égyptiens polygames, ils étaient très bas tombés, et Moïse s'excuse de tolérer pour eux la répudiation sur la dureté de leur cœur : *ad duritiam cordis.* La répudiation d'ailleurs n'est pas le divorce : elle exagère le principe d'autorité, que le divorce anéantit ; elle donne tout à l'homme, roi dans la maison et l'on peut dire qu'elle est le contraire même du divorce fondé sur l'égalité des deux sexes. Si elle va contre la nature, c'est en poussant au delà du juste l'ordre établi par la nature. Tout en l'accordant à contre-cœur, Moïse l'entoura de restrictions et d'obstacles, témoignant du regret profond qu'il éprouvait à trahir la vérité du mariage indissoluble. Ce fut de sa part un acte de miséricorde, et voici comme :

La raison d'être du peuple d'Israël était la

génération humaine du Sauveur, annoncée et
préparée par les prophètes. Chaque Juif savait
cela, puisque chaque Juif, obligé de copier la
Bible au moins une fois en sa vie, se trouvait
être un historien du passé, un témoin de l'avenir. La foi universelle au Messie qui devait
venir dressait un rempart autour du foyer
domestique, et l'adultère de la femme était puni
de mort. Or la répudiation n'est permise par
Moïse que pour raison d'adultère : il s'est donc
montré clément, quand, au lieu de livrer la
femme coupable au dernier supplice, il a pour
ainsi dire commué sa peine en cette mort
civile qui s'appelle la répudiation.

Le temps marcha, et le mal, toléré timidement
par la loi de Moïse, se fit d'âge en âge une
place plus large, jusqu'au jour où l'on entendit
sonner simultanément à Jérusalem l'heure de
la démoralisation entière du foyer et l'heure de
la complète décadence politique. On en était

arrivé à répudier sa femme légalement au gré
de la fantaisie la plus bizarre et pour des motifs
qui, notés dans les livres, font songer aux semen-
ces de comédies et de tragédies, jetées à profu-
sion dans la loi dont nous sommes aujourd'hui
menacés. Le désordre atteignit son comble dans
les familles, et l'État, perclus, ne tenant plus sur
ses jambes, s'affaissa. Les Romains vinrent et
n'eurent qu'à le pousser du pied pour prouver
aux habitants de Sion la Glorieuse qu'il sert peu
d'être les adorateurs du vrai Dieu, si l'on n'obéit
pas à ses commandements, et qu'une nation, fût-
elle le peuple même de Dieu, si elle laisse
entrer légalement la corruption dans le sanctuaire de la famille, devient une proie facile,
que tout voisin mieux portant sous le rapport
moral doit dévorer.

Fasse le Ciel que la France n'ait jamais à
subir une leçon de ce genre! car le divorce
dont on va la doter est d'une qualité vraiment
perfectionnée, et, auprès de la loi qui régira

bientôt notre pays catholique, les législations des pays protestants, tels que la Prusse et l'Angleterre, pourront passer pour des modèles d'austérité.

Bien entendu, nous n'établissons aucune comparaison entre la répudiation de Moïse et le divorce de Damoclès suspendu sur nos têtes. La répudiation, en ne donnant qu'à l'homme la faculté de rompre le lien matrimonial, était un abus tyrannique du droit, laissant intact dans la famille le principe d'autorité, source de vie et d'ordre, tandis que le divorce Naquet, en déclarant la femme l'égale de l'homme dans le mariage, établit à la racine même des sociétés le germe de l'anarchie.

Ceci est le parti pris et la volonté formelle de notre législateur : le divorce dans la loi est le fils de la Révolution, comme le divorce ou du moins la maladie morale qui aiguise la faim canine des gourmands de divorce, est le père de la Révolution.

En dehors des Israélites, la plupart des
peuples orientaux pratiquèrent la répudiation,
mais ne connurent pas le divorce mutuel. La
Grèce, dans son âge héroïque, se garda de
l'admettre et Solon, le premier l'introduisit à
Athènes, à la condition que la cause serait toujours portée devant l'archonte et ne serait
jamais jugée qu'à bon escient. Grâce à Ly-
curgue, Sparte ne l'accepta jamais

A Rome, le fondateur de la ville éternelle ne
voulut accorder qu'à l'homme le droit de répudiation, et dans trois circonstances seulement : si la femme avait commis l'adultère,
préparé du poison ou supposé des enfants. Dans
tous les autres cas, pour être autorisé à divorcer, il fallait consentir à *être privé de tous
ses biens*. Or telle fut pendant longtemps l'influence des bonnes mœurs sur ce peuple
soldat et laboureur, que, au témoignage de

Denys d'Halicarnasse, de Plutarque, de
Maxime et d'Aulu-Gelle, il fallut arriver à
l'an de Rome 519 pour trouver la première
répudiation. Elle fut d'ailleurs prononcée en
dehors des trois cas prévus par la loi et au
profit de Cornélius Ruga, qui renvoyait sa
femme pour cause de stérilité. Cet événement
excita l'étonnement de tous les citoyens, *non
sine omnium civium admiratione*; et quand
les consuls donnèrent à Ruga le malheureux
conseil de profiter du bénéfice de cette loi, ils
portèrent le premier coup à l'honneur et à la vie
de la république.

Malgré cet exemple, l'usage du divorce n'in-
festa que beaucoup plus tard la société romaine, et ce fut lorsque l'esprit des lois
grecques fit invasion dans ses codes. Même
au plus fort de l'épidémie, la vénération du
peuple suivit jusque dans leurs tombeaux les
femmes qui n'avaient eu qu'un époux. Les
monuments funéraires nous conservent cette

inscription assez souvent répétée dans les nécroples latines : *Conjugi piæ, inclytæ, univiræ* ; « à l'illustre et pieuse femme qui n'eut qu'un mari. »

Grâce au discrédit mortel qui frappait devant l'opinion la femme expulsée, la loi de répudiation, en soi-même excessive, avait son côté tutélaire : elle imposait la modestie et sauvegardait l'austérité des mœurs. Aussi, même à la fin de la république, Rome, qui avait le sens de ce qui fait la force et la faiblesse des empires, essayait-elle d'opposer une digue au torrent qui emportait sa gloire et sa liberté. Elle multipliait les obstacles au divorce et l'entourait de solennités destinées à le rendre presque impraticable. Mais la coupe des débordements était pleine : le moment marqué par la Providence approchait. Quand les mœurs d'une grande nation ne gardent plus ses lois, la période de caducité commence : la fin du dix-huitième siècle a montré chez nous ce spectacle désolant.

Catilina et Clodius grouillent dans le vice
comme les larves dans la fange, et l'univers
regarde non sans compassion un peuple qui
fut illustre et qui dépense les restes d'une très
grande force à lutter contre les mystérieuses fa-
talités d'un invincible mal.

Vers la fin de la vie de Plaute, c'est-à-dire
un siècle avant J.-C. [1], le divorce mutuel fut
enfin admis par le législateur romain. Dès lors
la femme frivole supputa ses années, non plus
par le nombre des consuls, mais par celui de
ses maris. Juvénal sangla de son fouet satiri-
que les dames romaines qui trouvaient le se-

1. Plaute se plaint du sort fait aux femmes, qui
peuvent être congédiées sans pouvoir elles-mêmes
congédier leurs maris. — In Mercat., scen. VI, vers. 1 et
seq. Ce droit ensuite leur fut donné.— COL. ad. Cicer.,
lib. VIII; ad familiar., lit. X; SENEC., de Benefic., l. V,
c. XVI.

3.

cret de se remarier huit fois en cinq ans. On
fut réduit à édicter la fameuse loi Poppœa contre le célibat menaçant des patriciens, et Sénèque ne craignit point d'affirmer que le principal
attrait au mariage était précisément le divorce.
Il n'y eut pas jusqu'au grave saint Jérôme qui
ne laissât tomber de sa plume cette ligne stupé-
fiante : « J'ai vu mourir à Rome une matrone
qui avait été la femme de vingt-deux maris ! »

Le divorce était en effet l'instrument aussi
commode que redoutable de toutes les passions,
surtout dans la caste patricienne : Jules César,
Antoine, Octave, contractèrent chacun, par ambition, trois, quatre et cinq mariages. Le solennel Pompée fit mieux encore : il renvoya sa
femme pour prendre la veuve de Glabrion,
quoiqu'elle fût enceinte, parce qu'elle était petite-fille du dictateur Sylla, et que cette union
lui devait être avantageuse. Sylla ayant fait
place à César au faîte de l'escalier politique, la
petite-fille de Sylla dut céder son lit à Julie,

fille de César, dans la maison de Pompée. Puis Pompée lui-même, étant devenu le rival de César, répudie Julie, et met en son lieu une toute jeune fillette de la famille des Scipions, dont le crédit encore peut pousser à la roue de sa fortune.

Il faut entendre le cri d'indignation arraché en plein Sénat au vieux Caton par ces effronteries du divorce. « C'est une chose insupportable, disait-il, de voir le trafic que ces hommes font, par leurs mariages, des postes les plus élevés, et comment, en commerçant des femmes, ils se donnent les uns aux autres les premières dignités de la république, le gouvernement des provinces et le commandement des armées. »

Et il adjurait les dieux immortels, qui n'avaient garde de l'entendre !

De ce cri qui échappe au plus austère des censeurs, rapprochez cette réflexion du plus impartial des historiens : « Combien plus heu-

reuses et plus sages, écrit Tacite, sont les cités
dans lesquelles les vierges seules sont appelées
au mariage, et ne peuvent qu'une fois offrir leur
cœur aux désirs et aux espérances de l'hyménée ! »

A ces gémissements de l'honnêteté païenne
et du génie païen révoltés par les désastreux
effets du divorce, la loi nouvelle répond, après
vingt siècles écoulés, au plein milieu de la
France chrétienne, titre I, article unique : « Le
« divorce a lieu par le consentement mutuel
« des époux, ou par la volonté d'un seul. » —
Cette formule était à peu près celle de la dernière loi sur le divorce édictée par la république romaine, et la république romaine fut aussitôt après anéantie par César. Les mêmes
causes engendrent toujours les mêmes effets, et
ce n'est jamais César qui manque, quand il
s'agit de châtier les inepties de la république.
Mais on ne peut mettre à profit ces rudes et

salutaires leçons du passé, quand on fait commencer l'histoire à 1789.

La Genèse rapporte que, la pluie diluvienne ayant cessé, Noé, enfermé dans l'arche, pour se rendre compte de l'état de la terre, envoya le corbeau à la découverte. Le corbeau, satisfait de trouver sur les corps flottants des noyés son repos et sa pâture, ne revint plus. Alors Noé envoya la colombe. Celle-ci, dont les mœurs sont tout autres, se garda bien de poser la pureté de son pied sur la matière corrompue ; elle plana au-dessus des eaux, et, ne trouvant nulle part une digne nourriture, elle cueillit de son bec la branche verte d'un olivier, après quoi elle revint à tire-d'aile vers l'arche d'où elle était partie.

Lors de l'agonie de Rome républicaine, la corruption s'étendait bien véritablement sur le monde entier comme un déluge universel, et ce fut au-dessus de ce vaste débordement qu'apparut enfin le secours promis depuis tant de siècles : l'arche d'alliance portant Jésus Sauveur et son Église.

Que d'ingrats, hommes ou peuples, depuis cette heure triomphante du salut, ont quitté l'arche, sont sortis de l'Église par frayeur du sacrifice, pour se réfugier dans l'égoïsme des jouissances matérielles et dire à la pourriture : « Vous êtes ma mère ! » aux vers : « Vous êtes mes frères et mes sœurs ! » Ceux-là, ces corbeaux déserteurs, cachent avec soin la misère de leurs remords; ils se proclament heureux et appellent les simples en chantant à tue-tête le mensonge de leur victoire. Mais ce n'est que feinte, regardez plutôt : ils détestent Dieu de toute la force de leur angoisse dissimulée, et de si loin qu'ils aperçoivent l'Église de Dieu, ils croassent contre elle la rancune de leur outrage, l'Église qui fut leur libératrice et qui reste leur mère !

En revanche et depuis lors aussi que d'âmes virginales, colombes rayonnantes de blancheur, ont ébloui l'univers! On n'avait jamais vu si consolant prodige. La terre devine à la limpidité de leur regard qu'elles ignorent le danger, et que par suite elles ne peuvent connaître la crainte; à l'éloquence de leur chant, profond comme une méditation, plaintif comme une voix de l'exil, qu'elles sont en ce monde comme des voyageurs hors de la patrie; leur cœur ne se pose jamais sur la terre, de peur de se salir; leurs paroles portent l'espérance. Semblables à des anges, elles passent sans arrêter leur vol, nous forcent, pour les voir, à regarder en haut, et nous invitent à les suivre, en remontant au ciel.

Cela est certain, la virginité secouant ses ailes sur les sociétés modernes porte en soi une démonstration suffisante de la puissance du christianisme. Apparition céleste, elle jette dans l'extase les civilisés du Japon et de la Chine

aussi bien que les sauvages de l'Afrique cen-
trale ou du Texas ; elle ramènerait, si c'était
encore possible, le rouge de la pudeur oubliée
au front de l'Européen révolté contre toute
règle, à qui le mariage institué naturellement
ne suffit plus, et qui demande à la complaisance
de ses codes la permission dérisoire de vivre
légalement en concubinage.

Le christianisme naissant souleva l'homme
au-dessus de son ignorance et de sa corruption,
purifia sa nature, affermit sa volonté, fonda
l'école de la croix, enseigna au monde que le
devoir et l'amour, le sacrifice et la liberté sont
une seule et même chose sous des aspects différents, et donna finalement à l'individu, par lui
à la famille, par la famille à la société, la vertu
qui est la force, la force qui est la liberté.
La liberté passa ainsi du cœur de l'homme
vainqueur de ses passions au foyer domestique,
qui retrouva sa dignité, et aux constitutions

politiques, dont le sacrement de mariage devint le symbole, le fondement et le rempart.

C'est au mariage chrétien, au mariage indissoluble, que les nations modernes doivent leur supériorité. En preuve de ceci, consultez seulement la carte du monde : soit que le soleil de la civilisation se couchant sur les peuples ne les éclaire plus, comme en Asie ; soit au contraire qu'il ne les ait pas encore échauffés de ses rayons, comme en Afrique, dans l'Océanie et en certaines régions de l'Amérique, partout vous trouvez la racine du mal social dans le désordre du foyer et la source de la grandeur morale comme de la force politique dans le mariage solide. Hors du mariage qui dure, l'homme est un tyran, la femme une chose, l'enfant un esclave.

Dans la civilisation chrétienne, au contraire, l'homme est une puissance d'autant plus considérable, qu'elle est contenue par le devoir et s'incline librement devant une puissance encore plus haute, qui est la puissance même de Dieu.

La femme devient une majesté douce comme l'amour, respectable comme la faiblesse, que la religion protège de son ombre et revêt de sa grandeur. Adam règne sur l'intelligence d'Ève par la raison, Ève sur le cœur d'Adam par l'amour : chacun d'eux a sa couronne ; et, si Dieu les leur a données, c'est à la condition qu'ils soient ensemble et à toujours les serviteurs du but vivant de leur union, du cher espoir de leur amour, du vrai, du seul et légitime roi de leur foyer : L'ENFANT.

Par le pouvoir du père, le mariage conforme aux lois de la nature instaure la maîtrise d'un État dans lequel le souverain, quel qu'il soit, a des devoirs, le sujet des droits, et chacun la liberté dans le droit et dans le devoir. Par la dignité que la femme reçoit dans le mariage indissoluble, les arts se perfectionnent, l'amour se purifie, les âmes s'élèvent, la terre retrouve ses fleurs, la prière ses parfums, la vie ses

rayons, et l'espérance s'asseoit avec sécurité sur
les tombes comme auprès des berceaux. Dans
la place qui est faite à l'enfant, l'ordre social
retrouve son équilibre, la hiérarchie ses droits,
les lois leur autorité, la faiblesse sa protection,
la vieillesse son diadème, et l'avenir sa garantie.

Tel est en peu de mots le bienfait que le Christ
a apporté au monde en promulguant la loi du
mariage chrétien : « Ce que Dieu a réuni, vous
ne le disjoindrez jamais [1]. »

La reconstruction de l'humanité commença
tout de suite après le supplice de la croix, mais
ses progrès furent lents comme ceux du christianisme même, et cela est ainsi pour tout ce qui
doit vivre un grand âge. Rien n'est terrible et
en même temps admirable comme la lutte qui

1. S. MATTH, cap. XIX, v. 6. *Quod Deus conjunxit,
homo non separet.*

s'engagea entre le paganisme, dont l'influence allait s'éteignant dans un effort désespéré, et la religion de charité dont le succès était favorisé à la fois par l'énergie de sa volonté et la douceur de ses moyens. On distingue déjà quelques reflets de la pensée de Jésus dans les lois des empereurs durant les deux premiers siècles, et, comme le crépuscule annonce le jour avant qu'il ait paru, on peut entrevoir déjà, à travers les tempêtes des dernières persécutions, les clartés que devait allumer dans les lois de l'empire la conversion de Constantin.

Cet événement très solennel dans l'histoire ne fut ni une rencontre fortuite ni un fait isolé. Il précise seulement la date de l'évolution politique la plus considérable de l'humanité. Mais de même que depuis longtemps déjà les mœurs et la législation s'éclairaient aux lueurs du christianisme naissant, de même pendant longtemps encore on vit s'obstiner les ombres du paganisme à l'agonie. Les codes du Bas-Empire, aussi bien que les écrits des Pères de l'Église, nous permettent de suivre, avec l'émotion qu'excitent des vérités si hautes, toutes les péripéties de ce duel à outrance entre un monde mourant de vieillesse et un autre monde qui a toute la vigueur de sa miraculeuse adolescence.

Chose remarquable ! le divorce, dans les mœurs comme dans les lois, est ici le dernier ennemi qui résiste au vainqueur, comme il sera le premier qui reprendra contre lui l'offensive.

Encore au temps de saint Jérôme, chez les grands surtout et même au palais des empereurs, on divorçait et on se remariait avec une si fâcheuse hostilité, que l'austère vieillard pouvait dire à Jovinien [1] : « On voit certaines femmes répudiées dès le lendemain de leurs

---

1. L. II... *Et cui tam cito desplicuit et cui tam cito placuit.*

noces, se remarier incontinent. Et voilà deux
maris en faute : celui à qui elle a déplu si vite,
et celui à qui elle a plu si tôt. »

La loi des premiers empereurs chrétiens permettait le divorce dans certains cas déterminés
et avec la condition expresse de ne se remarier
qu'après un an. L'époux qui était divorcé en
dehors de ces cas ou qui se remariait avant le
délai d'une année, était passible de punitions [1],
dont Justinien devait encore augmenter la sévérité [2]. Mais ces efforts insuffisants de la législation civile trouvaient un point d'appui dans
la loi religieuse, qui ne transige point, parce
qu'elle est tout ensemble l'absolue justice et la
toute-vérité. « Vous chassez votre femme, disait
saint Ambroise, et vous pensez que c'est votre
droit; mais, si la loi des hommes le permet, celle

---

1. THEOD... et VALENTINIAN., *l. V.*, de *Repudiis et
Judic. de moribus sublato.*
2. *Novel.* XXII, c. IV, XVI *et* XXVIII; c. II, *l.* unic, *in
fin. cod. de rei uxor. action.*

de Dieu le défend. Ecoutez cette loi, à laquelle vos législateurs doivent obéissance. » Et il donnait le texte de l'évangéliste que nous avons déjà cité : *Quod Deus conjunxit, homo non separet.* Le monde était attentif à cette voix de l'Église, qui, parlant au-dessus des législateurs et des lois, relevait du même coup les mœurs et les sociétés.

Le monde romain trébuché de si haut râlait encore à terre; mais il est exact de dire que les conquérants barbares, à l'époque des invasions, ne trouvèrent au-devant d'eux, vivante et leur faisant face debout, que la puissance de l'Église. Ainsi, tandis qu'ils écrasaient le cadavre de l'Empire sous les sabots de leurs chevaux, on les vit s'arrêter pensifs et courber la tête. Sur leurs fronts inclinés l'eau du baptême allait ruisseler.

Vainqueurs de l'Empire, ils nous imposèrent le principe de la monarchie héréditaire, qui contenait en soi le secret de notre vie et de

notre force politique pendant quatorze siècles ;
vaincus de l'Église, ils reçurent en échange le
principe des noces indissolubles, qui contenait
le secret de la force et de la vie domestique à
toujours. Il y eut hymen entre ces deux grands
principes, dont l'un organise l'État, l'autre le
foyer, et il y eut union entre les deux races
d'où sortit la société moderne, forte comme le
guerrier franc au sang bouillant, au courage
indompté, et douce comme l'Église, qui con-
quiert seulement les âmes et promet le royaume
de la terre à celui qui, entre tous, commande le
plus vaillamment, non pas à autrui, mais à soi-
même.

Ici encore, la transition ne fut ni rapide ni
facile : ces barbares ne renoncèrent point aisé-
ment à la polygamie ; j'entends parler surtout
des grands. Longtemps les leudes, les sei-
gneurs, et aussi les rois de France maintinrent
le divorce dans leurs législations. Charlemagne
lui-même autorisa l'époux à renvoyer sa

femme, adultère et à contracter un autre mariage ; mais la femme répudiée fut incapable
de s'engager dans de nouveaux liens [1].

Les rois maintinrent avec une patience obsti-
née la prétention qu'ils avaient d'hériter pour
eux seuls et par privilège du souverain droit de
divorcer ; mais les successeurs de saint Ambroise et des pontifes romains ne cédèrent
point : ils employèrent l'indomptable douceur
de l'Église à défendre, sans jamais reculer d'une
semelle, la doctrine de l'indissolubilité ; et les
princes, obligés de faire un choix entre l'Église
et la satisfaction de leurs désirs coupables,
après quelques emportements souvent violents
mais toujours passagers, s'astreignaient à
l'obéissance pour conserver le droit de com-
mander.

Personne n'ignore les monceaux de déclamations qu'on a accumulés autour des faits de ce

1. *Capitul.*, l. V, c. XIX.

genre. Des écrivains démocrates ont pleuré à
chaudes larmes sur le sort de ces pauvres rois
friands de divorce, à qui Rome enlevait leurs
sujets en déliant ceux-ci du serment de fidélité ;
mais ces pleurs plus ou moins sincères n'ont
pu effacer dans l'histoire les fières pages qui
racontent les batailles livrées par les souverains
pontifes en faveur du droit égal pour tous et de
la liberté du faible opposée à la tyrannie du
fort.

Tout est bon aux adversaires de l'Église pour
faire échec à l'équité supérieure de ses verdicts
et à la belle droiture de sa ligne de conduite.
Ceux qui s'abritent sans cesse derrière la
licence pour livrer l'assaut final à nos dernières libertés, sont-ils en conscience de bons juges pour décider ces grandes questions morales,
où le droit, le vrai droit des peuples, et la liberté,
la vraie, la seule liberté, sont en jeu ? Ont-ils
répondu jamais quand on les a mis au défi de
citer un peuple que le Pontife de Rome ait

opprimé ou un tyran qu'il ait épargné? Droit
et liberté sont des mots en fer, rougis au feu,
qui font grimacer certaines bouches, parce
qu'ils n'en peuvent tomber sans y laisser aux
lèvres une trace sévère de brûlure.

Entre tous ces ennemis acharnés de la puissance pontificale, un des premiers en date est
Luther, et personne ne l'a bravée avec une plus
intelligente et plus audacieuse mauvaise foi.
Les causes religieuses, les effets politiques de
ce qu'on a nommé *la Réforme* ne rentrent
point dans notre sujet; mais il nous appartient
de dire que le plus grand attrait offert aux
princes licencieux de ce temps par le moine
apostat fut précisément le divorce. Martin Luther s'était octroyé à lui-même, malgré ses
vœux indissolubles, le droit de contracter mariage : comment auraitil refusé aux autres celui
de divorcer? L'œuvre de ce parjure trancha

nettement et très vite une division radicale entre les diverses législations de l'Europe à propos du mariage. L'Angleterre accueillit le divorce avec tous les États protestants; la France
le repoussa avec les pays catholiques. Le double caractère de ces deux destinées ressort avec
une grande énergie des histoires comparées de
deux princes du même nom : Henri VIII d'Angleterre et Henri IV de France.

Henri VIII est un catholique fervent ; il a
pris le parti du pape Jules II contre Louis XII,
infligé aux Français la *Journée des Éperons*,
fait Bayard prisonnier, écrit avec le secours de
Wolsey, Gardiner, Morus et Fisher, une volu-
mineuse réfutation de Luther, pour en offrir la
dédicace à Léon X ; il a sollicité pendant cinq
ans et finalement obtenu le beau titre de « Défenseur de la foi ».

Mais il est l'esclave de ses brutales passions.
A la cour d'Angleterre, parmi les dames d'honneur de la reine, se trouve une fille douée de

beaucoup de charmes et de beaucoup d'ambition, Anne de Boleyn ; Henri s'éprend d'elle furieusement; elle lui résiste et déclare qu'elle veut être reine à la place de Catherine d'Aragon. Henri, qui avait obtenu dispense du pape Jules II pour épouser Catherine, veuve de son frère le prince Arthur, voulut obtenir du pape Clément VII une déclaration en nullité de ce mariage. Le Pape maintint l'indissolubilité. Henri le menaça de se séparer de l'Église avec tous ses États ; mais plutôt que d'autoriser un divorce, même dissimulé sous un prétexte plausible de nullité, le Pape, fidèle à la loi, sacrifia un des plus puissants et des plus catholiques royaumes de l'Église romaine.

Anne de Boleyn fut reine, Jean Fisher et Thomas Morus moururent martyrs, et le roi devint ce monstre de sanglante obscénité dont la figure fait peur quand on la rencontre dans l'histoire. Affolé bientôt par la beauté de Jeanne Seymour, il fait trancher la tête à Anne de Bo-

4.

loyn. Jeanne Seymour étant morte en couches, il voit le portrait d'Anne de Clèves, l'épouse, mais aussitôt se ravise, la trouve moins belle que son portrait, et la chasse pour épouser (il n'y a pas d'autre mot, mais il faudrait l'écrire ici avec de] la boue rouge), pour épouser Catherine Howard, fille du duc de Norfolk, dont la tête fut touchée dans le même clin d'œil par la couronne et par la hache. Henri Tudor, cette bête féroce, comprenait ainsi le divorce.

La belle Catherine Parr devint reine à son tour; et une autre allait encore lui succéder dans ce chassé-croisé conjugal, quand le taureau porteur du sceptre, fut enfin abattu par la justice de Dieu.

On raconte qu'à ses derniers moments, ce « divorceur » effréné regarda ceux qui l'entouraient et murmura ces mots, qui résument si franchement sa biographie : « Je n'ai jamais refusé la vie d'un homme à ma haine, ni l'hon-

neur d'une femme à mes désirs.» Puis il ajouta
avec désespoir : « Nous avons tout perdu :
l'État, la renommée, la conscience et le ciel ...»

Cinq ans après la mort de Henri VIII
(1547), un prince calviniste, Henri de Béarn,
épousait Marguerite de Valois, sœur de Charles
IX. Il avait été destiné dès son enfance à être
le défenseur de la secte protestante et le chef
du parti politique qu'elle inspirait. Malgré ce
titre, qui lui fut publiquement conféré à la Rochelle par les huguenots, sa loyauté, son habi-
leté et sa bravoure lui concilièrent bientôt l'admiration du peuple et la confiance des soldats.

La mort de Henri III l'appelait au trône de
France ; mais la loi nationale de catholicité l'en
excluait. Paris lui ferma ses portes jusqu'au
jour où la basilique de Saint-Denys reçut sa
solennelle abjuration. A ceux qui ont hypocri-
tement douté de la bonne foi d'Henri IV il
suffit de rappeler sa conduite à l'égard des

soldats les plus avancés de l'armée catholique :
ce ne fut pas pour être roi de France que Henri
de Bourbon soutint la Compagnie de Jésus
contre ses parlements et son université.
Henri IV était déjà sur le trône quand il logea
les Jésuites à son château de la Flèche, et qu'il
écrivit dans son testament cette clause célèbre
où il ordonna qu'après sa mort *son cœur soit
donné aux Jésuites* !

Lui aussi eut comme Henri VIII une
affaire de divorce devant la cour de Rome :
sa femme Marguerite avait la première déserté
le foyer ; elle n'y était pas chez elle et se vantait
tout haut de n'avoir jamais exprimé son consentement au mariage ; elle prétendait qu'au
moment de la célébration on lui donna un petit
coup sur la nuque pour la faire incliner le
front, sans qu'elle eût autrement marqué sa
volonté. Le Pape nomma des commissaires
chargés d'instruire la cause sur les lieux et de
proposer une sentence. Il se trouva non seu-

lement nullité du chef de non-consentement de l'épouse, mais encore parenté au troisième degré dont on n'avait pas obtenu dispense, et de ce chef naissait un empêchement dirimant. Le Pontife romain proclama donc la *nullité* du mariage de Henri IV, avec autant de justice et de liberté qu'il avait condamné les divorces de Philippe Auguste et du malheureux Henri VIII.

Ainsi, des deux Henri, l'un, le déserteur, légua à l'Angleterre, avec l'odieux souvenir de son nom, la fille d'Anne de Boleyn qui fut la sanglante Élisabeth ; l'autre, le converti, donna à la France, avec le souvenir du plus aimé des rois, le pieux et vaillant fils de Marie de Médicis : Louis XIII.

La libre pensée a calomnié très abondamment l'Église et ses prétendues complaisances à l'endroit des nullités de mariages dont on l'accuse avec tant d'injustice d'avoir couvert des divorces réels. La vérité est que l'Église catho-

lique a toujours, dans sa liberté souveraine,
proclamé nuls les mariages nuls, et qu'elle a
sacrifié des royaumes plutôt que d'abandonner
son dogme de l'indissolubilité. La vérité est
encore que ce dogme tranche précisément la
ligne frontière qui sépare les pays catholiques
des pays protestants. Nous imposer le divorce
protestant, c'est un biais pour nous pousser vers
l'hérésie ; mais la ruse n'y fera pas plus que les
persécutions : la France est catholique, et catholique restera.

La vérité est enfin, au point de vue politique,
que le divorce conduisit les Anglais réformés,
par la plus sanguinaire des reines, à Cromwell,
et que l'indissolubilité conservée dans nos lois
nous fit monter, par le plus catholique des
rois, au suprême sommet de notre histoire : à
Louis XIV et à son siècle.

Passerons-nous sans donner un regard à

quelques chers et charmants esprits, amis irré-
fléchis ou intéressés du divorce ? Le paradoxe
est une rosée qui épanouit les fleurs littéraires
dont Platon ne voulait point. Avait-il tort ?
Voici Michel Montaigne et Charron ; voici Gro-
tius, voici Milton, voici Locke, Montesquieu et
tant d'autres, des humoristes, des professeurs,
des poètes ; ce concert n'a-t-il pas sa grande
autorité ? Demandons à Montaigne ce qu'il pense
de lui-même ; il nous répondra dans ses *Essais* :
« Je suis tantôt sage, tantôt libertin ; tantôt
vrai, tantôt menteur ; chaste, impudique ; puis
libéral, prodigue, avare, et tout cela selon que
je me vire... » Les girouettes, consultées, ensei-
gnent de quel côté vient le vent. Regardons
tourner Montaigne et n'usons point de ses
almanachs.

Milton, lui, est abandonné par sa femme un
mois après son mariage, et le voilà tout aussitôt
convaincu des bienfaits que le divorce doit répandre sur l'humanité ; il écrit des livres, pré-

sente des requêtes au Long-Parlement, et pré-
pare un second mariage. Mais sa femme, ravisée,
rentre au foyer, et soudain cet ardent champion
du divorce retire sa requête, retourne sa thèse de
bout en bout, et chante à tue-tête dans *le Paradis
perdu* la sainteté, les bienfaits et les délices de
l'amour conjugal, qui ne peut mourir. Oh!
certes, Platon connaissait les poètes!

Montesquieu, cette demi-gravité sceptique,
qui eût eté de nos jours un membre du centre
gauche excellent et un si agréable rédacteur de
la *Revue des Deux Mondes*, révèle lui-même
les raisons qui l'ont porté souvent à exprimer
dans ses ouvrages, en particulier dans *l'Esprit
des lois*, des idées bizarres et des contre-vérités
osées de parti pris. « C'était, dit-il avant de
mourir au P. Routh, Jésuite, qui le confessa et
en écrivit à M. Gualterio, nonce du Pape, c'était
le goût du neuf et du singulier, le désir de passer pour un génie supérieur aux préjugés et
aux maximes communes, l'envie de plaire et

de mériter les applaudissements de ces personnes qui donnent le ton à l'estime publique, et qui n'accordent plus sûrement la leur que quand on semble les autoriser à secouer le joug de toute dépendance et de toute contrainte. »

Il avait d'ailleurs prouvé cette inconsistance morale par des faits en maintes occasions, et en particulier lorsque, après avoir plaidé dans son livre pour la tolérance bien plus encore que pour le divorce même, il obtint de Mme de Pompadour la suppression de l'ouvrage que M. Dupin s'était permis de publier contre *l'Esprit des lois*. Platon ne connaissait pas les *tolérants* par métier qu'on nomme aussi des libéraux : il les eût redoutés bien plus encore que les poètes !

Je n'ai pas besoin de dire que tous les encyclopédistes appelaient de leurs vœux la dissolution possible du mariage; mais en revanche, au sein du parlement anglais, en 1779, le duc de Richmond flétrissait énergiquement le

5

divorce, qu'il appelait une loi de scandale, et à
laquelle il attribuait la décadence morale de sa
patrie. Richmond était protestant ; mais il
tâtait le pouls de l'Europe, agité déjà par la
fièvre qui secoua si violemment la fin de ce
siècle.

Lebrun rapporte dans son *Journal de jurisprudence* le cas de Théodore Gautier et de
Jacquette Pousceau, époux calvinistes qui, après
s'être séparés de fait, se remarièrent chacun de
son côté. Le gouvernement de la Rochelle les
fit exposer pendant deux heures devant la grille
du palais, l'homme avec deux quenouilles, la
femme avec deux chapeaux, et le peuple de rire
à gorge déployée.

Telle avait été la manière de voir de la
France entière depuis Clovis jusqu'à Louis
XVI, mis à part quelques juifs et quelques hu-
guenots.

Aussi, quand furent proclamés les « principes
de 89 », aucun cahier ne s'occupait du divorce,

à l'exception d'un seul, émettant des vœux pour son établissement : c'était celui que portait le duc d'Orléans ! Mais bientôt le matérialisme mal dissimulé des Girondins allait ouvrir à la licence le sanctuaire de nos lois. Les philosophes du parti Condorcet, Vergniaud à leur tête, avaient trouvé la formule-mère d'une pharmacopée nouvelle regorgeant de médicaments très puissants, applicables à tous les malaises de l'humanité. La voici dans sa simplicité brutale : « L'individu est le principe et la fin de tout ; la société est un moyen, la religion un obstacle. » Jetez les yeux sur notre histoire de cent ans et regardez autour de vous : cet axiome menteur explique tout. Sans lui, notre siècle est un fou qui fait honte, avec lui, il est un logicien aveugle qui fait peur.

On comprend, après avoir médité ces quelques mots, les bouleversements profonds causés par la révolution, leur fille. Le fondement même de la vérité a été ébranlé et retourné

sens dessus dessous ; l'édifice social a chancelé
sur sa base, menaçant d'engloutir tout ce qu'il
contenait et abritait : mœurs, lois, institutions,
nationalités. La civilisation disait : Chacun pour
tous ; la révolution répond : Tous pour chacun.
C'est simple comme bonjour : les principes se
présentant ainsi à l'envers, au rebours de leur
sens, c'est la révolution dans les idées et les
faits suivant les idées fatalement, c'est la révolution dans la rue.

Dès lors, plus de rois, plus de hiérarchie légitime et le moins de magistrature possible.
L'individu est souverain par le nombre, il fait
les législateurs, la loi doit lui obéir. Que voulez-vous objecter à cela ? Et là-dedans à quoi
bon Dieu ? Le conseil municipal suffit. Le nombre décrétera que Dieu n'est pas, tout sera dit.
Vous pensez que les prêtres se plaindront et
les moines ? C'est possible, mais peu importe :
on a la liberté, ou leur coupera les vivres, puis

la parole, et, s'ils s'entêtent, le cou : on a la fra-
ternité.

Au début de cette fête, le divorce, qui détruit
une des maîtresses racines de l'arbre social, devait trouver sa place, une place d'honneur :
aussi la loi du divorce fut-elle décrétée en hâte
dans la séance du soir du 20 septembre 1792,
in extremis, selon l'expression de Favart son
rapporteur, par l'Assemblée législative, qui devait se dissoudre le lendemain. Ce décret fut
rendu « *au nom de la liberté individuelle*
dont un engagement indissoluble serait la
perte »!

M. de Bonald a donc eu raison d'affirmer que
« les hommes qui avaient introduit le divorce
dans nos lois, l'avaient toujours défendu
comme le sceau et le caractère spécial de la
révolution. »

Il ne faut donc pas s'étonner non plus si
plus tard M. Odilon Barrot en fit « une de ces

propositions législatives *complément nécessaire* de la révolution de 1830. »

Le promoteur de la loi actuelle, enfin, fait donc simplement de la logique quand il demande le rétablissement du divorce, parce qu' « il est conforme aux principes généraux de notre droit public. » Cette assertion est vraie : étant admis le principe de l'individualisme, le rétablissement du divorce s'impose, et M. Naquet a raison ; seulement, tout aussitôt, quoi qu'on en dise, l'égalité disparaît entre l'homme, la femme et l'enfant : l'homme redevient un maître, la femme une esclave, l'enfant une chose ; la société domestique et la société politique appartiennent au plus fort.

L'anarchie mène à la tyrannie, la licence à la barbarie : ces vérités sont connues à ce point qu'on les pourrait mettre dans la chanson de M. de la Palisse ; mais c'est égal : la logique ne plaisante pas, et M. Naquet a raison.

Pour échapper à ces déductions impitoyables,

il faudra de deux choses l'une : ou renier le
principe individualiste, et la révolution ne le
fera pas, ce serait se renier elle-même ; ou il
faudra reculer devant les conséquences du
principe admis : la révolution le fera peut-
être, et la France, en ce cas, aura un moment
de répit pour souffler, jusqu'à voir. Nous le lui
souhaitons, car nous ne dédaignons aucun pis
aller au fond de notre misère : le temps des
fières, des droites aspirations est passé ; et,
puisque nos conducteurs, en principe, tournent
le dos à la vérité, nous prions Dieu à tout le
moins de les garder contre la logique !

Décrétée en 1792, la première loi du divorce
marcha en pleine logique et précipita la dé-
composition du corps social. Le décret du 8 ni-
vôse an II abrégea le délai d'une année imposé aux époux divorcés avant un second mariage, et proclama qu'il n'y avait pas de raison

d'empêcher l'homme de se remarier aussitôt après la séparation et la femme après dix mois.

Les excès cependant devinrent tout de suite si criants, qu'il fallut, le 15 thermidor de la même année, faire revivre la loi de 1792, et qu'en 1795 le député Bonguyot en demandait la révision à la Convention. « Le divorce, disait-il, s'obtient avec trop de facilité. Les époux abandonnent leurs enfants, négligent leur éducation, qui se fait en dehors de l'exemple des vertus domestiques, des soins et des secours de la tendresse paternelle et maternelle. » Vous avez bien lu : c'est à la Convention qu'on disait cela !

Dix-huit mois plus tard, le 16 novembre 1796, les abus qu'entraînait la facilité de divorcer pour incompatibilité d'humeur étaient dénoncés au conseil des Cinq-Cents. « Il serait difficile, disait le député Regnaut de l'Orme, d'imaginer combien cette cause de divorce favorise la légèreté et l'inconstance des époux, combien elle excite au libertinage et à la débauche et contribue à corrompre les mœurs. Qu'il y a-t-il de plus immoral que de permettre à l'homme de changer de femme comme d'habit et à la femme de changer de mari comme de chapeaux ? N'est-ce pas une atteinte portée à la dignité du mariage ? n'est-ce pas en faire le jouet du caprice et de la légèreté, et le changer en concubinage successif ? »

Quatre jours après cette séance, le 20 novembre, Villers invitait le conseil des Anciens à supprimer toutes les demandes basées sur cette allégation : « Rien, disait-il, n'est plus contraire à la morale et à la société. C'est un scandale alarmant, qu'il est du devoir du législateur de faire cesser. »

« Il faut, ajoutait Philippe Delville, faire cesser ce marché de chair humaine, que les abus du divorce ont introduit dans la société. »

Le 3 décembre, le même député protestait contre « les lois sur le divorce, dont quelques

5.

dispositions ont affirmativement organisé le
concubinage et ouvert la porte à tous les désordres avant-coureurs de la dissolution des sociétés. »

Le 11 janvier suivant, Favart s'exprime
ainsi devant le conseil des Cinq-Cents, à propos
de cette même allégation d'incompatibilité d'humeur : « Je ne vous parlerai pas des maux in-
calculables qu'elle a opérés ; je ne vous dirai pas
que plus de vingt mille époux lui doivent leur
désunion et qu'ils en gémissent. Vous frémi-
riez si je vous faisais le tableau fidèle des victimes que le libertinage et la cupidité ont amon-
celées sur la France, au nom d'une loi qui n'avait
pour objet que de rendre le mariage plus heureux et plus respectable, en rendant les époux
plus libres.

« ..... Vous n'avez pas un instant à perdre.....
On ne cesse de vous répéter dans une foule de
pétitions qui vous sont adressées « que l'on voit
partout des époux qui oublient leurs devoirs,

leur honneur, foulent aux pieds toutes les bien-
séances, violent les lois et les obligations les
plus saintes, abandonnent sans remords leur
famille pour satisfaire des passions honteuses,
et qu'il est temps enfin de mettre un frein à
cette espèce de dépravation. »

Tout cela est dit en style pauvre et déclama-
toire, parce que nous sommes ici en pleine floraison de l'emphase révolutionnaire; mais tout
cela est honnête et vrai. C'est le réveil public
qui s'annonce. Au mois de septembre de la
même année, un homme véritablement fort
prêta enfin au bon sens et à l'honneur le haut
langage de l'éloquence. Dans un superbe discours, Portalis père que les champions de la loi
Naquet semblent n'avoir pas lu, attaqua l'incompatibilité d'humeur ou plutôt passa au
travers pour frapper le divorce lui-même et re-
mettre en lumière les droits inaliénables de
l'indissolubilité.

A différentes époques, les deux Portalis ont jeté sur cette triste question du divorce d'admirables lumières, que les amis de la loi ne voient point, parce qu'ils ferment les yeux. Jamais personne, à la tribune ou dans les livres, ne leur a sérieusement répondu.

Par les citations qui précèdent et qu'on pourrait multiplier, il est assurément curieux de voir que, sous la Convention même et sous le Directoire, l'expérience était déjà faite au sujet de la loi dont la représentation nationale et l'opinion publique demandaient la révision, sinon encore la suppression, avec tant d'énergie. Ces efforts se brisèrent contre l'opposition administrative de Cambacérès, qui s'effraya d'un surcroît de travail dans les bureaux et ajourna le traitement de cette maladie à la reconstitution du Code civil. L'administration n'est jamais pressée; mais en attendant, le divorce tomba

dans un si honteux discrédit, que les moins
timorés reculèrent devant ce remède, mille fois
pire que le mal, et qui avait cessé d'être à la
mode. Comme cela se produit encore en Allemagne et en Angleterre, il y avait presque
déshonneur à divorcer, quoique les cas de
divorce augmentassent dans une proportion
effrayante, les maris ayant la faculté de *restituer la dot en assignats*, qui étaient les sequins
changés en feuilles sèches des contes arabes.

En 1797, le conseil des Cinq-Cents vota la
suspension de la loi; mais Cambacérès et les
bureaux n'étaient pas prêts : il fallut attendre
jusqu'à 1803, où le Code civil essaya de nettoyer
cette législation dégradante et dégradée. On fit
en vérité ce qu'on put : la fameuse cause « pour
incompatibilité d'humeur » fut supprimée, et
l'on entoura la procédure de difficultés telles,
qu'il y eut plus d'ennuis à l'entamer et à la
suivre qu'à rester coi dans un ménage peu

agréable. Les choses restèrent ainsi sous l'Empire, et les désastres de Napoléon furent regardés par la croyance populaire comme un châtiment de son divorce avec Joséphine, « qui lui portait bonheur »..

En 1816, la religion retrouva la parole, et le divorce tomba foudroyé sous la fière éloquence du vicomte de Bonald, que M. Alexandre Dumas n'admet pas. Après quinze ans, la révolution bourgeoise de 1830 essaya de le ressusciter pour l'usage bourgeois, car le peuple n'en a jamais voulu. Il y eut de longues discussions où Odilon Barrot répéta les déclamations de 92 et où le second Portalis se montra très digne de son nom. La loi, votée par la Chambre, fut repoussée par les Pairs, au milieu de la publique indifférence. Dix-huit ans plus tard, en 1848, nouvel assaut et même succès négatif.

Telle est l'histoire du divorce, que la loi

Naquet, destinée, ce semble, à une autre fortune va faire renaitre en nos malheureux jours. Nous allons nous pencher sur le berceau de cet enfant-vieillard, ausculter sa rachitique poitrine et dire pourquoi il n'est pas pour vivre longtemps.

I

LE DROIT NATUREL

J'ai hésité quelque peu à jeter des arguments tirés du droit naturel dans un débat où l'on pose en principe que la liberté naturelle de l'homme consiste à n'être point gêné dans l'assouvissement de ses appétits ; mais j'ai certitude, en définitive, de n'être pas un chat, ni même un cerf, puisque je subis sans murmurer un grand nombre de lois, indépendantes de ma propre conscience et qui toutes m'imposent un frein, c'est-à-dire une gêne.

Deux éléments sont en moi, je le sais, supérieurs à l'instinct : ma raison et ma liberté, qui ne consiste pas du tout à contenter mes désirs quels qu'ils soient, mais à faire un choix volontaire entre les divers sentiers licites qui s'ouvrent au-devant de ma vie. Je suis obligé d'accepter ce qu'il y a d'animal dans l'homme, mais je ne puis consentir philosophiquement à proclamer l'homme esclave de cette plus basse portion de lui-même, devant laquelle il faudrait s'incliner de toute nécessité pour préconiser le divorce.

Nous consulterons donc la loi de la nature, même pour répondre à ceux qui semblent ne la point connaitre ou la regarder simplement comme la loi de l'instinct, et nous les forcerons à relever la tête pour déchiffrer, en commençant par la première page et par le haut, le livre des destinées humaines.

En cette première page, à la première ligne, nous trouvons le mariage, qui a préexisté à toute société et qui par conséquent ne peut

dépendre du droit positif ou écrit, œuvre des
sociétés assurant et limitant les libertés sociales.
Le mariage, premier fait inscrit dans l'histoire
des hommes, appartient, entre toutes choses,
au droit naturel, quoique la loi civile le puisse
et doive réglementer, sans toucher à son
essence : ceci soit dit à ceux qui affectent de le
traiter comme une convention ordinaire et un
simple contrat. L'essence de ce contrat, seul en
son espèce et qui a précédé la loi, est supérieure
à la loi.

En tout ce qui touche ce contrat, la loi civile ;
peut soulever ou écarter des difficultés civiles,
mais, une fois scellé par le consentement libre
des époux, il ne relève, dans son essence même,
qui le fait indissoluble, que de la nature humaine : j'entends la vraie, comportant, au dessus de l'instinct et des appétits, la raison et la
liberté.

Les appétits et l'instinct peuvent demander
le divorce, qui est la loi de nature entre les ani-

maux sans raison ; la nature humaine, où la
raison libre doit régner, le repousse et le
condamne.

La loi sociale a mission d'être secourable au
malheur, trop commun, hélas! dans le mariage,
et miséricordieuse pour la faiblesse individuelle;
mais en aucun cas et sous aucun prétexte elle
ne peut méconnaître un principe de droit naturel et général, dans l'intérêt bien ou mal entendu d'un certain nombre de particuliers. Je dis
bien ou mal par courtoisie, car il n'y a point
de doute en moi, et Jérémie Bentham, l'apôtre
du divorce, auprès de qui nos avocats et nos
conférenciers actuels semblent si petits, tranche
lui-même l'alternative, puisqu'il a écrit textu-
ellement : « Le mariage à vie est le plus assorti
aux besoins des *familles* et le plus favorable
aux *individus...* »

Si le divorce, dont la classe populaire ne se
soucie point, peut être, par exception, profitable
à quelques-uns pour un moment, on ne peut

douter qu'il soit commode ou agréable pour beaucoup d'existences mal engagées : plaignons toutes les infortunes, soyons indulgents à la passion ; mais, pour guérir tel malheur privé ou pour satisfaire à telle multitude qu'on voudra de passions ameutées, ne démolissons pas la maîtresse colonne de notre ordre social, qui est le mariage.

La lutte est ici entre les deux éléments naturels constitutifs de l'homme : l'instinct d'une part, de l'autre la raison, inséparable de la liberté. Des instants arrivent dans la vie des peuples où la portion animale de notre nature prend si violemment le dessus, que la raison et la liberté opprimées ne trouvent plus d'abri nulle part, même dans la loi civile, leur refuge nécessaire et suprême. Ce sont des heures d'abaissement lamentable, durant lesquelles l'homme d'honneur, de courage et de foi, doit résister jusqu'à la fin, combattre et protester encore après l'écrasement. Souvent la protestation de l'homme d'honneur reste debout bien longtemps après que s'est affaissée sous le premier coup de vent la baraque en planches qu'on avait élevée à la hâte pour remplacer le palais ruiné de l'antique droit.

Le mariage, qui est, dans la très grande majorité des cas, *l'union librement légitime entre le jeune homme et la jeune fille*, est précédé et amené par ces préludes à la fois chastes et charmants qu'on appelle « la cour » dans le langage familier. Le droit naturel est partout : nous allons le trouver et le consulter d'abord dans ces doux préliminaires, préface fleurie d'un livre plus sérieux où il y aura parfois bien des larmes.

C'est ici qu'est le roman et qu'on trouve le poème : Adam « fait la cour » à Ève sous le regard des deux familles attentives et pleines d'espoir. Tout le monde a vu cela, chacun

a rencontré sur sa route ces deux âmes qui
se cherchent et s'éprouvent avant de serrer le
lien qui les réunira jusqu'à la mort. On en rit
quelquefois, car le vent du divorce a déjà soufflé
sur notre temps : il y a autour des fiancés des
enfants curieux et malicieux qui troublent le
tête-à-tête; le père est « drôle » à certains moments, où chez lui le décorum fait semblant de
ne point; voir les servantes jasent; la mère,
inquiète et attendrie, prête au comique pour
ceux qui s'amusent de tout; mais sous la sou-
riante vulgarité de ces scènes, partout et toujours les mêmes, quelle émotion profonde !
Elles préparent le bonheur, mais le malheur en
peut naître, non seulement pour ces deux jeunes
et joyeuses existences, mais pour les deux familles qui vont se rapprocher et encore pour
une famille à naître, les enfants qui viendront
à ce ménage futur.

Dans la vie bourgeoise honnête, je ne connais
pas d'émoi comparable à celui-là : il donne la

sensibilité aux plus froids et la tendresse aux
plus égoïstes. Ai-je besoin de vous en dire le
pourquoi, et pensez-vous qu'il en sera ainsi
quand Adam pourra prendre Ève en location
comme une chambre garnie, sans passer même
le bail de trois, six, neuf? Voulez-vous mesu-
rer avec moi la basse température de cette
douche, la pensée d'un divorce possible, ruisse-
lant sur les ardeurs de ces fiançailles? Ici mieux
que partout ailleurs vous pouvez comprendre la
profondeur du désastre : le mariage n'est pas
seulement rompu *a posteriori*, il est attaqué et
gelé d'avance par le divorce jusqu'en ses racines!

Hier, et cet hier a duré toujours, il y avait un
mot, délicieux refrain qui revenait sans cesse
dans le duo amoureux des accordailles; Adam
le disait loyalement, Ève le répétait d'une voix
tremblante de bonheur : *Toujours! toujours!*
Quiconque écoutait la chanson de ces deux
cœurs n'entendait que ce mot : TOUJOURS! qui

est le cri même de l'amour et que chacun
des promis prononçait avec sincérité, avec certitude, rendant hommage sans le savoir et rendant grâce aussi au droit naturel de pérennité,
non pas dans la passion instinctive, qui dure peu,
mais dans la grande, dans la haute tendresse
conjugale, qui dure autant que la vie et ne cesse
de croître jusqu'à la mort entre ces deux cœurs
raisonnables et libres, liés en effet par un JOUG,
c'est la nature qui le dit dans toutes les langues
de l'univers.

Demain, il n'y aura plus de *joug*, partant plus
de lien; et, si vous écoutez les épanchements de
ces étranges fiancés qui se rapprocheront *commodément* pour une saison ou deux, vous n'en-
tendrez plus ce mot *toujours* qui fait rire les
blasés et que méprisent nos Mormons de la
légalité.

Ce mot sera rayé de la langue d'amour. On
le remplacera par *longtemps*, qui veut dire,
selon les cas, un siècle ou une semaine; et le

6

comble de la passion, entre jeunes époux, dans le délire de leur tendresse inexpérimentée, sera de s'engager par clause particulière à ne divorcer jamais durant la saison d'hiver, où les déménagements sont pénibles.

Mais voici l'heure solennelle ; le temps de la recherche a pris fin, les parents ont échangé leur consentement, les jeunes gens sont d'accord : c'est le mariage qui s'accomplit, on célèbre « la noce ».

Je ne parle même pas ici de la cérémonie si touchante et si belle que l'Eglise catholique consacre à l'union indissoluble de l'homme avec la femme : toutes les religions fêtent l'heureuse gravité de ce moment, et il n'y a pas jusqu'à M. le maire, pontife extra-religieux, quelquefois même antireligieux, qui n'apporte une espèce d'onction officielle et banale à la formalité qui fait le mariage civil. J'ai vu des maires émus et j'en ai ri peut-être, car j'ai été sceptique, et je m'en souviens comme on souffre d'une meurtrissure.

Ne parlons que des époux et de leurs familles. Vous figurez-vous bien le jeune homme et la jeune fille se rapprochant pour sanctionner dans le mariage un nœud dont la loi fera une « affaire à terme » : à terme long, à terme court, on ne sait, cela dépend du sort, des nerfs, du caprice des deux conjoints ou même *de la volonté d'un seul*[1] ? Devant ce point d'interrogation dessiné en lumière dans la nuit de l'avenir (hier aucune tache de doute ne maculait l'horizon rose), devant cette menace de l'Inconstance appelée comme convive au banquet nuptial. quelles pensées vont traverser les tendres espoirs d'Adam et remplir les rêves pudiques d'Eve?

Aucune pensée peut-être à ce premier

[1]. Projet Naquet, tit. I, art. unique.

instant, je le confesse avec franchise : ils sont
trop occupés, et d'ailleurs ils ont la confiance
de leur âge. Le doute ne viendra pour eux que
plus tard, et l'inquiétude n'aura rien perdu pour
attendre; mais il y a ici des gens défiants par
état, qui connaissent la vie pour y avoir marché
longtemps.

Je vois le père d'Ève, il est soucieux; je vois
la mère d'Adam, qui essaye en vain de sourire.
Auraient-ils cru jamais, cet honnête homme
et cette bonne femme, qu'on pût les blesser ainsi
au cœur, rien qu'en molestant le droit naturel,
qu'ils ne connaissaient ni l'un ni l'autre? Un
législateur novice et outrecuidant a mis son
talon sur un article de la loi donnée par la nature, et voilà ce père triste à l'heure des réjouis-
sances de famille, et voilà cette mère qui,
cherchant une joie au fond de son cœur, n'y
trouve qu'une angoisse.

La loi de nature est sage au-dessus de la loi
imaginée par les hommes, et le divorce ne sera

pas *commode* pour tout le monde. La tristesse
de ce père et de cette mère, qui n'ont jamais ouï
parler du droit naturel, vous dit énergiquement
qu'un bien inhérent à la nature même leur a
été soustrait sans qu'ils y eussent pris garde
jusqu'à cet instant. On leur a escamoté leur
certitude ; ils en jouissaient tous les deux, à
leur insu sans doute, tant cette certitude,
fondée sur l'indissolubilité du mariage, existe
en nous indépendamment de la loi civile. On
leur a pris une chose de droit naturel tout
comme la faculté de voir, de respirer ou de
marcher.

Vous souvenez-vous de vos lectures ? Tous
les poëtes ont chanté l'allégresse du père « con-
duisant sa fille à l'autel », comme disent les
braves gens à qui le pontificat de M. le maire
ne suffit point. Ce contentement s'explique par
la certitude même dont nous parlions tout à
l'heure. Pour la vierge qui devient femme,

6.

une garantie naît; selon le langage commun, « son avenir est assuré... »

Mais le père de notre Ève d'aujourd'hui ! Qu'y a-t-il de fait en ces noces divorçables ? C'est pour la jeune fille l'aurore d'un jour incertain. Elle entre dans l'inconnu. La loi ne la protège plus ni contre Adam ni contre elle-même, et, au bout de ce chemin bordé de fleurs où elle essaye ses premiers pas, il y a un abîme ouvert : le Divorce. De sorte que le père d'Ève (jugez s'il peut être gai !), au lieu de la quitter à la porte d'une maison honorable et solide, voit devant elle une équivoque hôtellerie où elle logera à l'année, au mois et peut-être à la nuit.

Que sera là-dedans cette intimité absolue des époux, qui naît de la pérennité du bail naturel et hors de laquelle il ne peut y avoir ni repos, ni bonheur, ni famille possible ? La loi imprudente, oubliant qu'une volonté supérieure l'assujettit au droit naturel, a violé le droit naturel; elle a dit à la femme : « Je te fais l'égale de l'homme »; et elle n'a pas vu, la loi aveugle, qu'elle tuait ainsi la vraie liberté de la femme, née du mariage indissoluble !

Du moment que la femme n'est plus, dans la nécessité des choses, l'épouse à vie, la perpétuelle et inamovible maîtresse de la maison, elle dépend de son mari dans une mesure qui peut arriver à être abjecte. L'échange des secrets, la mise en commun du fond même des deux âmes ne doit plus, ne peut plus s'opérer en face d'une association vague dont la durée est un problème. La possibilité de divorcer va donner au moindre dissentiment soulevé dans le ménage, une importance redoutable ; et, si le mot divorce s'échappe de la bouche d'un des époux dans la colère, la chose est faite : une graine est tombée en terre et germera, puisque la loi, chargée d'étouffer ces végétations malsaines, a créé un engrais pour elles et les arrose.

La loi a changé de rôle : elle relâche le lien que sa mission était de resserrer, et c'est le second pas qu'elle fait, sans le vouloir cette fois, hors du sentier de nature : le divorce appelle le divorce; il y a tentation de la loi.

Ceux qui l'ont faite ou qui la soutiennent répondent : Si la femme perd quelque chose au point de vue de la stabilité dans sa position, nous le lui rendons en liberté : la faculté de divorcer appartient à la femme comme l'homme.

De quelle femme parlent-ils? de la femme qu'on met dans les mauvais livres? je ne l'ai jamais rencontrée ailleurs; de la femme libre qu'ils affectionnent? je demande la permission de ne m'en point occuper : personne, excepté eux, ne s'intéresse à cette femme-là, qui n'est plus une femme.

Et quant à la vraie femme, qui a gardé dans la souffrance son cœur et son honneur, que vaut ce droit de divorcer ?

C'est ici qu'apparaît clairement la portée dérisoire du mot *égalité* appliqué à la femme dans la question du mariage rompu. Ils sont deux, un jeune homme et une jeune fille, qui ont mêlé leurs existences dans une association la plus sérieuse de toutes. Chacun d'eux a apporté sa dot : l'homme a donné son nom, sa fortune ou son travail; la jeune fille a donné sa fortune aussi, sa virginité et ses charmes. Si le divorce les sépare, l'homme emportera tout ce qu'il a donné; mais la femme?

A l'exception de son argent, la femme n'emportera rien.

Et vous lui dites qu'elle est l'égale de l'homme! elle qui sacrifie tout, tandis que l'homme ne sacrifie rien! Ce qui est en dehors du droit de la nature aboutit fatalement au contraire de la vérité.

Ce que la femme a perdu dans ce pied-à-terre qui est la maison du mariage à rompre, nul ne saurait le lui restituer : elle a sacrifié sa jeunesse, sa beauté, sa confiance en la vie. Que fera-t-elle de votre liberté? Et que diriez-vous

au débiteur trop spirituel qui, ayant reçu en
dépôt une corbeille de beaux fruits, en restitue-
rait fidèlement les noyaux ?

Mais ces couleurs lugubres ont mis en deuil
notre palette un peu trop vite. Grâce à Dieu, le
divorce visitera rarement la lune de miel, et
c'est à peine si la lune de miel a pris fin. Un
soir, Ève a caché son front rougissant dans le
sein de son époux et a murmuré quelques dou-
ces paroles qui ont fait battre les deux cœurs.
Adam va être père ; il ressent jusqu'au fond de
ses entrailles cette belle joie qui est un rempart
contre le mal. La nature le cuirasse contre tout
ce qui est ennemi de la nature. L'instinct grossier sommeille, le vice est à l'écart ; si le divorce heurtait à cette porte, fermée sur de si
chers espoirs, on ne lui ouvrirait certes point :
ceci en général, car il y a des exceptions cruel-
les, et dans le dossier du divorce on trouve des

cas d'animalité perverse qui étonnent la vraisemblance.

En somme, les citoyens des deux sexes à l'u-
sage de qui on fait des lois-Naquet, sont sujets
à regarder les bonheurs de la famille comme de
fatigantes berquinades. Mais ces berquinades,
qui sont la nature même, vivront quand les
lois-Naquet seront mortes.

Ils sont là tous les deux, Adam plus tendre,
Ève plus charmante ; l'espoir s'épand de leurs
cœurs et remplit autour d'eux le logis comme
un parfum. Sera-ce un fils ? pour lui quel avenir on rêve ! Sera-ce une fille ? toutes les fleurs
de la terre, on voudrait déjà les cueillir pour les
effeuiller au-devant de ses pas.

Le lien est resserré, parce que le but providentiel de l'union a remué déjà dans les entrailles de la jeune mère. Ces deux âmes vont
se fondre en une seule pour aimer l'enfant du
plus grand amour qui soit en ce monde. Tout
sera pour : lui on vivra, on mourra pour lui ; il

n'y a plus rien en dehors de lui, et, dans les cœurs les plus vulgaires, cette heure bénie voit naitre d'héroïques dévouements.

Et voilà qu'un cri faible a retenti, une petite chose vivante et bien-aimée s'agite dans le berceau orné, avec un soin si pieux. Écoutez bien cette voix chérie, la voix du berceau où se fait entendre le cri même du droit naturel. La nature a réuni deux êtres pour produire cette bien-aimée chose, l'enfant, c'est-à-dire la vie prochaine et future de l'humanité, qui va sans cesse mourant et renaissant dans ses membres au long des siècles.

Elle a dit, la nature, à l'homme et à la femme : Je vous marie ensemble ; vous voilà de par moi père et mère, associés, non pas comme deux animaux pour protéger vos petits pendant quelques mois, jusqu'au jour tôt venu où ils pourront marcher, voleter, conquérir leur nourriture, mais jusqu'au moment qu'il faut longtemps attendre où la créature humaine, si lente à se développer, aura acquis grâce à vous toutes ses puissances physique et morale. Pour chaque enfant que je vous donne vous me devez un homme ou une femme, l'un et l'autre complets et parfaits.

C'est le *minimum*; et ici, auprès du berceau où la vérité règne, demandez au père et à la mère si ce *minimum* leur suffit! Ils vous répondront avec leurs cœurs, dans lesquels l'amour parle, répétant son cri éternel : *Toujours! toujours!* La nature en effet ne se borne pas à poser des règles utilitaires, protégeant la production, la fabrication de l'enfant. Dans ce petit corps il y a une âme, et ce berceau si étroit contient le cœur même de la famille. L'enfant sera père à son tour : il a besoin, et ses enfants aussi auront besoin de tout leur droit naturel; il leur faudra des ancêtres.

Dans notre monde où l'individu veut être tout, parce que, selon l'affirmation d'un éminent publiciste, nous sommes débordés par l'inonda-

tion des enfants illégitimes; dont ce publiciste
évalue le nombre effrayant à trois millions
d'âmes en peine, on est mal venu à parler d'ancêtres; c'est à peine si la famille amoindrie et
attaquée de tous côtés existe dans le cercle isolé
du foyer. Il en est ainsi du moins pour ceux
qui agitent leur fièvre et font tant de bruit en
ce moment. Mais ce n'est qu'une apparence :
La société n'est pas morte et le prouvera. Le
droit naturel ne mourra jamais : cela seul fait
la famille immortelle.

Autour du berceau, la vraie loi du mariage
se révèle avec une éloquence irrésistible. Essayez donc de poser un terme à la double espérance qui berce le sommmeil du nouveau-né;
l'indissolubilité décrétée par la nature ne suffit
point à ce jeune père et à cette jeune mère,
amoureux de leur espoir, selon le vœu de la
providence : ils voudraient l'éternité de la
chaîne qui est leur force et leur courage !

C'est le droit, je vous le dis, et c'est la na-

ture de l'homme. Qu'importent telles exceptions, même très nombreuses? Parce qu'il y a
des cœurs mal organisés, faut-il supprimer le
cœur, comme le célèbre publiciste que nous
mentionnions tout à l'heure propose de supprimer la paternité en faveur de ses trois millions
d'enfants qui manquent de pères? Peut-être.

Aucune aberration n'étonne plus. Notre âge
a les infirmités de la seconde enfance qui vient
aux vieillards : il lui faut des joujoux et de l'a-
musette. Mais aucune aberration, si haut sou-
levée qu'elle soit par son triomphe d'un jour,
n'entame la solide armure du vrai. La loi elle-
même, quand elle naît du paradoxe à la mode
et qu'on n'y a pas mis le vrai, se fane bien vite
et tombe desséchée. N'ayez pas peur de ces lois
qui passent : elles répandent des parfums bien
différents de celui des roses ; mais elles meurent
toutes jeunes, comme les roses.

Et à ce moment même où nous sommes, pendant que les esprits égarés travaillent, de bonne foi peut-être, à vicier le tempérament de notre droit civil en y introduisant un principe dissolvant et funeste, dans l'intérêt de quelques exceptions malheureuses ou coupables, la nature agit de son côté, silencieuse mais puissante, et promulgue à bas bruit dans des milliers, dans des millions de jeunes familles, l'immortelle expression de sa loi, qui n'a point de texte. Le droit naturel, le droit de Dieu, parle dans les entrailles de toute mère.

Voilà une législation qui dure et qui ne se soucie point d'Alex. Dumas ou de M. Naquet! Celui qui est là, invisible encore dans le sein d'Ève, qu'il soit un fils où qu'il soit une fille, appelle Adam avec une force irrésistible, et, muet qu'il est, lui dicte souverainement le devoir de toute sa vie. Les gens qui se sont improvisés pour nous fabricants de codes, n'aiment pas ce mot : *devoir*, et voudraient le biffer ; ils ne connaissent que le mot *droit*, lequel mot implique un bénéfice réalisable, tandis que l'autre apporte l'idée d'une dette à solder.

Mais qu'importent, au fond, leurs préférences intéressées ou l'égoïsme de leurs répugnances ? Faire de mauvaises lois n'est pas très malaisé ; ce qui est impossible, c'est de refaire la nature. L'homme est une vivante balance ayant son débit et son crédit, entre lesquels vivre c'est garder le suffisant équilibre. Jugez de la folie ou de l'effronterie des prétendus inventeurs qui promettent à l'homme cette averse d'alouettes rôties où le droit inépuisable ruissellerait incessamment, sans être alimenté par le devoir!

Ces inventeurs mangent du mieux qu'ils peuvent et boivent de même : ils savent donc ce que demande le corps ; pourquoi oublient-ils si facilement ce qu'il faut à l'âme ? L'âme est dans la nature tout autant que le corps ; la nature l'a

faite maîtresse du corps, qui la domine momentanément, comme la matière a usurpé le gouvernement du monde. Mais là, dans le sein d'Ève,
pour Adam amoureux selon la sainte puissance
du mot, amoureux non pas seulement de la
femme que le mariage indissoluble fait sienne
à toujours, mais amoureux aussi de la famille
à naître qui pour toujours lui appartiendra par
l'indissolubilité du mariage ; Adam, dis-je,
écoute la révélation du devoir naturel, si totale-
ment supérieur aux prétendus droits de l'instinct
et de la liberté animale. Il se sent à la fois le
maître et le serviteur de cette créature doublement sacrée qui est en même temps l'épouse et
la race, puisque la race vit en elle.

Et je vous le dis parce que cela est, il n'est
point d'homme de condition si commune que ce
soit à qui cette idée ne vienne aussi bien qu'au
prince, et mieux.

Peut-être ne saurait-il point l'exprimer ; mais
il la sent clairement, comme vous et moi. Et je

vous interroge : demandez-vous à vous-même avec loyauté quel terme Adam assigne dans le fond de son cœur à la royauté de son droit, à la servitude de son devoir.

Prenez votre temps et recueillez-vous, ne me répondez pas à la légère; songez que la pensée d'Adam contient, à cette heure, les destinées du monde dans une question de vie ou de mort pour la famille...

Et pendant que vous réfléchissez, moi, je songe malgré moi à ces frivolités, à ces véritables fadaises, arguments bossus et boiteux qui sont accumulés de toutes parts en faveur du divorce par les ennemis de la famille ou se faux amis : anecdotes dramatiques, paradoxes arrangés en comédies, souffrances, hélas ! très réelles et martyres mensongers, recherches et falsifications historiques, émois religiosoïdes, émotions sincères maladivement, accusations vraies, calomnies répugnantes, bêtises, éloquences, bassesses, voix du talent, cri du génie qui se tord dans les étreintes de l'erreur !

Et le livre d'Alexandre Dumas me revient, qui doit avoir un succès énorme, parce que ce cher esprit s'est abaissé si fort au-dessous de lui-même pour prendre l'exact niveau de la multitude, énorme aussi, des crédulités scepti-ques, des ignorances curieuses, des instincts révoltés, des implacables besoins de jouir, de toute cette sauvagerie bourgeoise enfin, lisant les petits journaux *pour s'instruire* (!) et pas-sionnément avide d'apprendre en une seule fois toutes les choses sérieuses en parcourant à la hâte des pages frivoles !

Ce livre me revient avec ses défauts qui m'ont souvent choqué, avec ses qualités qui parfois m'ont ébloui. A quoi peut-il servir et à qui ne peut-il pas nuire ?

Si Adam a lu ce livre ou d'autres livres plus enragés, sa pensée ne sera-t-elle point fabriquée dans sa tête au lieu de monter de son cœur? et ne se répondra-t-il point à lui-même quelque

banal sophisme, ramassé dans la hotte du feuilleton, au lieu de laisser parler sa propre sincérité ?

Non, il n'y a pas de danger. C'est ici une
heure de grande franchise et de grande lumière,
parce que c'est une heure d'immense amour.
Adam pensera la vérité : la nature est là, sous
ses yeux ; il subit le droit naturel, auquel rien
ne résiste et qui est la vérité pure.

Vous-même qui cherchez en vous sa réponse,
vous êtes forcé de la trouver, parce que j'ai
évoqué la nature et qu'elle s'est dressée devant
nous dans la simplicité de sa grandeur. Adam,
vous le savez bien, puisque vous avez réfléchi,
n'assignera point de limite, si large qu'elle
soit, à ce sacerdoce dont il se sent investi et pénétré. Adam est ici, devant Ève qui contient en
elle sa postérité, le maître légitime et le tuteur,
et le pourvoyeur, non point pour dix, pour
vingt, pour cinquante années, mais pour la
durée entière de la vie : le lien qui l'enchaîne

7.

volontairement est d'acier; s'il existe un métal plus solide que l'acier, il le voudrait et le choisirait pour fortifier son lien, qui est la garantie de son bonheur!

Et demain, près du berceau contenant la petite âme née à la lumière, cette pensée prendra plus de corps et plus de force. Y eût-il en Adam des souvenirs de jeunesse et de faiblesse, cette pensée le dominera entièrement, à moins qu'il n'ait pas de cœur; et je ne suppose pas qu'on en soit déjà à faire des lois ouvertement destinées à dégager de certaines obligations fatigantes les gens qui n'ont point de cœur!

Cette pensée de la pérennité du devoir s'emparera de l'âme d'Adam, parce qu'elle est la nature et la volonté de la nature, qui n'a pu mettre dans le berceau cette créature faible et dépourvue de toute défense sans lui ménager et lui garantir à l'avance la certitude de ce soutien double mais unique : tant les deux moitiés qui le composent sont jointes étroitement, ayant comme elles l'ont le même intérêt, les mêmes espérances et le même cœur !

A moins de ranger de tels sentiments, si vifs, si profonds, si universels, au nombre des fièvres qu'on nomme les « illusions de la jeunesse », je ne crois pas qu'il soit possible de rien opposer, en bonne logique d'observation, au témoignage qu'ils apportent en faveur de l'indissolubilité du mariage, découlant du droit naturel.

Les choses, cependant, se passent-elles ainsi à toute grossesse d'Ève? et Adam se sentira-t-il ému de la même manière auprès de tout berceau qui suivra le premier ? Peut-être oui, peut-être non. Il y a dans notre société des vices funestes, dont il faut parler à mots très couverts. Certaines familles réputées honnêtes vivent sur un calcul qui est un crime et qui empêche le second berceau de s'emplir jamais.

Ce n'est point ici le lieu de sonder les misères de la prétendue sagesse humaine ; il appartiendrait au monde lui-même de flétrir et de punir ces meurtres innombrables froidement conçus et souvent avoués publiquement, comme on confie aux voisins un placement de fonds ou l'achat d'un immeuble. Les nations châtiées ne sont guère sans l'avoir mérité dans leurs mœurs.

Supposons que nous sommes chez des braves gens ; leur religion ne nous regarde pas, jusqu'à présent : ils vivent, au point de vue du mariage, dans l'honnêteté naturelle. Un second berceau s'emplit, puis un troisième, puis d'autres encore peut-être. Sans même que le jeune mari éprouve à la naissance de chaque enfant une secousse pareille à celle qui fit vibrer en lui un jour une âme nouvelle, l'âme du père, il est certain qu'une vive émotion se dégage à chaque fois et que chacune de ces émotions resserre d'autant le lien conjugal : de là vient la grande

union qu'on admire dans les nombreuses familles.

Il y a multiplication du lien : autant de liens
qu'il y a d'enfants, si cela se peut dire ; et il y a
encore autre chose : la sollicitude commune
s'accroît naturellement avec le nombre de ces
chères créatures qui remplissent la maison,
qu'on a tant de peine même à nourrir, si l'on
est pauvre, qu'il faut vêtir en plus, élever, soi-
gner, instruire, et dont il faut assurer la fortune, si l'on est dans une position plus aisée.

Ne voyez-vous pas appparaître ici dans toute
sa clarté le droit naturel ? n'est-ce pas lui-même
qui de toutes ces nécessités accumulées constitue l'indissolubilité du mariage ? En conscience,
à moins de difficultés tout à fait exceptionnelles,
de vices rebutants ou de perversités morales
contre lesquelles aucune loi ne peut, vous figurez-vous un parti pris de divorce, soit du côté
du mari, soit du côté de la femme, dans une

maison où la bonté de Dieu a mis quatre, cinq
ou six petits enfants?

Moi qui suis comblé, j'en ai huit : je crois
bien que cela n'a pas peu contribué à me jeter,
la lance en arrêt, dans l'arène où se décidera
la question du divorce, indépendamment même
de la loi Naquet.

Que d'autres y soient pour l'homme dont la
vie est barrée, d'autres pour la femme, victime
dont je suis bien éloigné de nier les douleurs ;
qu'ils essayent de m'attendrir en me démontrant
avec larmes que ces deux moitiés d'un tout sont
absolument contraintes par les rigueurs du droit
naturel à se consoler dans l'adultère : je puis
être émerveillé de leur éloquence, qui ne me
persuade point ; mais je m'indigne tout rouge
dès qu'ils entreprennent de me démontrer —
subsidiairement — qu'ils plaident le divorce
dans l'intérêt des enfants. Je ne leur dirai pas
qu'ils mentent, — je ne sais plus dire cela, —
mais j'aurai le tort de le penser peut-être.

Les enfants! moi, je suis ici pour les enfants. Après la France même, que le divorce rendrait, à mon sens, bien malade, ce qui m'occupe, ce sont les enfants, que le divorce tuerait.

Certes, je puis compatir aux peines de Monsieur, quoi qu'il ait eu nécessairement quelque tort, ne fût-ce que celui d'avoir épousé Madame, et aux chagrins de celle-ci, qu'on a noyée peut-être à son insu et presque malgré elle dans le cloaque du ménage impossible; mais les enfants! Il n'y a de vraiment, d'absolument et de nécessairement innocent que l'enfant dans le cas de divorce, et il n'y a que l'enfant d'absolument, de nécessairement malheureux.

Je vais parler tout à l'heure de la femme, à qui ces messieurs dorent une pilule de liberté; mais d'abord, en me plaçant au point de vue de l'enfant seul, je puis leur dire avec l'autorité souveraine de la certitude que le droit naturel réprouve leur divorce et n'en veut pas : non point, je suis forcé de le répéter pour les simples, ce droit naturel de source animale que l'on fait découler des instincts libres et des indépendances de l'appétit, mais le vrai droit de nature, le grand, celui qui s'est adressé dès le commencement à ma raison et à ma liberté.

M. A. Dumas le nie, ce droit : tant pis pour lui ! mais il nie bien l'enfant, pour ne croire qu'à Monsieur ou à Madame !

Pour que l'enfant souffre dans ses intérêts, qui sont délicats comme lui-même, dans son présent et dans son avenir, il n'est pas besoin que le divorce soit prononcé entre ses parents, ni demandé ; il n'est pas même besoin que la loi ait passé à la Chambre ; on en a parlé, cela suffit : des milliers d'enfants souffrent déjà, parce que des centaines de ménages sont déjà troublés sourdement. Les mauvaises idées courent chez nous avec une rapidité qui tient du prodige, et d'ailleurs M. Naquet s'est fait le « voyageur » de sa propre entreprise. Sa conférence à sil-

lonné la France, il a *prononcé* son petit livre
en tous lieux. Ce n'est pas pour une œuvre
utile qu'on eût fait pareille propagande: le mal
est toujours servi plus ardemment que le bien.

D'un autre côté, le volume d'Alex. Dumas
est porté par une publicité furibonde; les journaux conservateurs en servent des extraits aux
ennemis du divorce ou le donnent en prime à
leurs abonnés: dans quel intérêt? problème.
En quelque coin reculé de la province qu'ils
habitent, Adam et Ève, à l'heure où j'écris ces
lignes avec tristesse, savent que l'indissolubilité de leur modeste bonheur n'est plus protégée
par la loi de leur pays.

Eh bien! il faut me croire, moi qui ai passé
peut-être par les inquiétudes matérielles d'une
nombreuse famille, que Dieu a bénie après l'a-
voir éprouvée: Adam et Ève, pour lutter dans
le milieu de notre civilisation, ont besoin de
toute leur certitude. Assurément, ce sont d'honnêtes époux, qui s'entr'aiment sincèrement, et

de l'un à l'autre leurs enfants tendrement ché-
ris ont multiplié les attaches ; vous les feriez
rire à gorge déployée si vous leur parliez de divorce. Mais Adam a ses défauts, comme vous,
comme moi, comme tous ; Ève aussi. Ne vous
fiez pas trop à ces éclats de rire, qui sont pourtant de toute sincérité : les choses dont on plaisante le plus, on arrive à les faire quand l'exemple s'en mêle. Et l'exemple s'en mêlera bien
vite.

Où n'y a-t-il pas un mauvais ménage ?

Je ne pense pas pourtant que le divorce
vienne entre ces bonnes gens ; admettons qu'il
ne viendra jamais : l'intérêt des enfants n'en est
pas moins lésé dès à présent, rien que par la
blessure faite au droit naturel par une simple
menace de loi. Le mariage n'a plus sa promesse
certaine de longévité : il y a eu tout aussitôt
une diminution de courage dans les efforts
communs qui regardent l'avenir, car l'avenir
n'est plus une propriété foncière, c'est un objet

qu'on tient à bail ; chaque querelle peut mettre
en question la durée de ce bail ; cela même a
glissé de l'aigreur dans les querelles ; on a déjà
senti peut-être qu'on n'avait plus la même vaillance au travail, car le travail est dur et rapporte peu : pour que la patience à produire res-
tât complète, je vous l'ai déjà dit sous une autre
forme, il fallait la complète assurance de la communauté perpétuelle.

Et que sera-ce si, au lieu de nos jeunes époux
cités comme des modèles, nous avons un mari
et une femme moins étroitement unis ? Ces
messieurs du divorce prétendent que leur loi
sera la tranquillité des familles et qu'il suffira
de rendre la rupture possible entre époux pour
consolider le lien conjugal : dans les histoires
les plus sinistres il y a toujours ainsi un côté
comique.

J'accorde à ces messieurs la confiance qui
leur est due ; mais il m'est arrivé de voir des
cages qu'on ouvrait, et les oiseaux y restaient

rarement. J'ai peine à regarder comme un pré-
jugé le soin qu'on prend de mettre des serrures
aux portes des prisons. Nécessité aide bien à
museler la haine, et les moralistes ont dit que
nécessité, dans beaucoup de cas, peut servir de
balustrade même à l'amour, qui a ses mauvais
moments, comme chacun sait.

Ce sont des gens de fluente parole et que
rien n'arrête. Je viens de rencontrer une dame
qui sortait de chez son avocat pour une consul-
tation tout à fait étrangère au divorce ; mais
l'avocat, divorciste zélé, avait essayé de la convertir, employant surtout ces deux arguments
si bien faits pour séduire ces dames : que le divorce rend la femme libre et fait d'elle l'égale
de l'homme.

Nous aurons, hélas ! occasion de revenir sur
cette amère raillerie. La femme n'est libre que
dans le mariage et par le mariage. Les éman-

cipées au profit de qui ces messieurs votent leurs lois, n'ont besoin ni du mariage ni du divorce ; et les autres, celles qui sont réellement des femmes, faites pour tenir leur grande et noble place dans la famille, seront les éternelles victimes du divorce. Elles le savent bien.

Quand M. Naquet cède à la nécessité de confesser que l'opinion publique est opposée à son projet révolutionnaire, il ne dit pas assez ; c'est l'opinion universelle qui le réprouve : l'opinion unanime, composée de toutes les familles méritant ce nom, et principalement de toutes les fiancées, de toutes les femmes, de toutes les mères !

Cela était ainsi avant le livre de M. Alexandre Dumas, à la fois plus vague et plus franc que l'exposé Naquet. Ce livre, en plaidant résolument contre l'enfant la cause de Monsieur et de Madame, qui seuls ont droit d'appétit, a trahi avec éloquence le sens qui manque aux zélateurs du divorce et qui est le sens même de la famille. Mais la famille se défendra demain, si elle s'est laissé surprendre aujourd'hui. On n'a jamais raison longtemps contre toutes les femmes et tous les pères.

Si quelque chose est de droit naturel, c'est l'enfant. On pourrait dire que la nature n'a pas d'autre préoccupation principale, et que sa loi, maîtresse de toutes les lois écrites, est faite pour l'enfant. M. Dumas, qui est rarement bien inspiré quand il s'agit de l'enfant, considéré comme but et fin du ménage, semble n'avoir point vu cela. L'union de l'homme et de la femme, selon lui, produit des enfants, mais non point nécessairement ni toujours; c'est une association intéressée de convenances, d'utilités et de commodités. Je ne vais pas contre ces appréciations élevées : c'est l'hôtel garni, toujours, et l'on y veut sa chambre meublée confortable.

Dans cet ordre d'idées malheureux, M. Dumas

va jusqu'à dire : « Où sont les échanges équivalents et justes entre les devoirs que je dois à mon enfant et ceux que par conséquent il me devrait ? L'enfant à cause duquel je ne me serais pas remarié, sa mère m'ayant abandonné, aurait néanmoins le droit de m'abandonner à son tour : où sera ma récompense ?[1] »

Depuis quand faut-il, en morale, une récompense à celui qui ne fait point le mal ?

M. Dumas ajoute avec une certaine émotion : « Que sera devenu le pacte naturel et moral ? Où en serons-nous du droit individuel et de l'équité commune ? »

Cette façon d'argumenter, qui exige du fils un salaire pour la bonne conduite de son papa, ne court pas les rues et peut passer pour originale. L'Académie décerne des prix Monthyon à l'héroïsme : je renvoie ce père, qui n'a point mérité d'avoir le fouet, à l'Académie, où

---

1. *La Question du Divorce*, p. 298.

M. Dumas fit naguère un rapport très touchant
sur divers exemples de vertu.

Mais tandis qu'il parle ici de *droit indivi-*
duel, chose un peu bien judaïque quand il s'agit
des dévouements de père à fils, nous en sommes, nous, au droit naturel ; et, sans parler de
l'idée de *sacrifice,* dont M. Dumas ne veut pas,
quoique le sacrifice soit partout dans la nature
et qu'on en tire même de bien beaux effets au
théâtre, nous allons, pour lui répondre, laisser
parler le Droit naturel par la bouche de Taparelli d'Azeglio, qui dit dans son admirable
Essai [1] : « Quand les enfants sont élevés,...
ils sont évidemment tenus, en vertu d'une obligation naturelle, à rendre à leurs parents... les
soins moraux et physiques dont ils ont été l'objet de leur part... et l'on comprend par là que
la nature a voulu que l'unité de la famille fût
perpétuelle. Quand les parents avancent en âge,

---

1. P. 149.

ils sont sujets à des infirmités de corps et d'esprit qui font que le mari et la femme ont également besoin de l'aide de leurs enfants. »

Et les enfants ne refusent jamais cette aide, à moins d'être lâchement dénaturés : ce n'est pas Alexandre Dumas fils qui niera cela. Si je discutais seul à seul avec lui, je n'aurais nullement besoin de lui citer Taparelli, ce maître dans la question du droit naturel ; j'en appellerais à Dumas lui-même, qui laisse volontiers le paradoxe de côté quand il cesse de soutenir gravement sa thèse de théâtre, et qui se conduit droit, s'il parle de travers. Je lui demanderais si, pour certains labeurs de sa journée filiale, qui a été belle, il ne s'est pas contenté du *salaire* de sa propre conscience.

Oui, l'échange entre les parents et les enfants est complet et parfaitement équilibré par le droit même de la nature dans le mariage indissoluble, où seulement la famille peut vivre et

8

durer assez pour que le fils ait le temps de payer sa dette au père. On peut affirmer que les faits contraires sont de nobles et rares exceptions, tandis que dans la famille légitime, ayant toutes ses conditions naturelles de longévité, les exemples de ce genre pullulent et font la règle générale.

Et n'est-ce pas là le plus haut, le plus solennel enseignement de ce grand droit de nature, qui précède et domine toutes les autres lois, à ce point que toute loi qui le contredit naît morte?

Nous avons vu le jeune père et la jeune mère pensifs mais laborieux auprès du berceau ; nous les retrouverons dans la lutte de l'éducation, toujours vaillants et infatigables, parce qu'ils ont à eux l'avenir, tant que la pensée empoisonnée du divorce n'a point passé par la fente de leur porte, viciant l'air de la famille et inoculant le doute morbide à la robuste santé de leur espoir. Voici maintenant que le temps a marché et que le char de la vie a fait un tour de roue. A ce foyer toujours le même, ceux qui étaient faibles sont devenus forts et ceux qui étaient forts courbent leur faiblesse sous le poids de l'âge.

Ah! vous demandiez tout à l'heure quelle serait la récompense du père qui a fait son devoir. Entrez et regardez. La récompense, c'est la famille même qui est là florissante, unie, heureuse, et que votre divorce, remède mortel, aurait polluée ou dispersée. Je ne sais pas ce que ces enfants donnent à ce père et à cette mère et s'il faut chiffrer le salaire : je me tais.

Mais je sais qu'à ce père et à cette mère ces enfants prodiguent un trésor que tous les millions du monde sont impuissants à représenter. Ces deux vieillards unis jusqu'à la mort, qui se sont autrefois dépensés eux-mêmes en labeurs et en amour, sont payés en amour et en labeurs ; on leur rend le bonheur dont

ils sont les ouvriers : soins pour soins, caresses
pour caresses ! De même qu'ils étaient penchés
jadis sur un sourire endormi dans un berceau,
de même tous ces fronts gracieux de jeunes
femmes, tous ces mâles fronts de fils dans la
force de l'âge s'inclinent avec un respect pieux
au-dessus de leurs cheveux blancs.

Aviez-vous pensé vraiment que la nature
pouvait faire les choses à demi ? Et que dites-
vous de ce cours de droit naturel, où la pédan-
terie fait défaut, c'est vrai, mais qui établit si
naïvement le bilan des obligations de famille :
le *doit* des enfants, l'*avoir* des pères et mères ?
Soyez tranquilles, si vous avez beaucoup prêté,
vous serez remboursé abondamment, pourvu
que vous laissiez vivre le lien de nature qui
réunit toutes les âmes autour du même foyer.

Mais si vous vous êtes trompé de route en votre
voyage dans la vie, si vous avez rompu vous-
même la sympathie qui engerbe tous ces cœurs ;
si, en un mot, vous êtes des vieillards divorcés,

remariés, une fois, deux fois, le nombre de fois que vous aurez voulu, je ne vois plus bien le lieu de scène où je pourrais placer vos épanchements domestiques. M. A. Dumas affirme — et je suis trop poli pour ne pas le croire — qu'il y a comme cela des familles composites, où l'on s'aime de Turc à Maure, et qui prospèrent, et qui fleurissent dans la joie du divorce, chantant sur le roseau arcadien l'idylle de beaucoup de noces successives.

Où met-il les épouses démissionnaires de son étrange patriarche ?

Connaît-il aussi de ces clans où c'est la matriarche qui règne après avoir répudié plusieurs époux ? C'est possible, depuis l'égalité entre les sexes.

Je ne puis parler de ces choses sciemment, n'ayant pas encore admiré *de visu* semblable bucolique ; mais on m'a montré souvent en Angleterre des arbres fruitiers produisant à la fois, par la greffe, de mauvais abricots, des pêches

8.

sans goût, des brugnons insipides et même de détestables reines-claudes. Ce sont de vilains arbres, d'un prix fou, qui ne peuvent rien contre le droit naturel régissant les bons abricotiers.

En tous cas, ces curiosités de haut goût ne sont point appelées à détrôner la nature. Je demande que la famille reste un ensemble homogène, à la portée des plus modestes bourses, afin que nous puissions la vénérer et l'aimer autrement que comme objet d'art.

RÉSUMÉ ET OBJECTIONS

Le mariage est un contrat de droit naturel, unique en son essence, antérieur et supérieur à la loi civile, qui peut le régler, mais non point jamais le dissoudre. Son caractère indissoluble apparaît à chaque heure de son histoire, ainsi que la hauteur providentielle de son origine : dans les ardeurs de la recherche, qui promet l'éternité d'amour ; dans les solennités de la célébration, qui n'accompagnent aucun autre contrat ; dans les émotions incomparables partagées auprès du berceau ; dans le besoin *naturel* de fonder la famille; dans la nécessité de la *certitude* pour acquérir, régir et conserver le bien commun; dans l'inégalité des sexes, que nul sophisme ne saurait détruire; dans la réciprocité splendide des droits et des devoirs, qui rend au vieil âge des parents les caresses et les soins prodigués jadis à l'enfance.

On dit à la femme *divorçable* : Tu seras l'égale de l'homme et tu seras libre. Leurre grossier, double mensonge comme tout démenti donné à la nature! La femme est l'égale de l'homme dans l'amour et dans son droit naturel de femme, reconnu par le mariage que rien ne peut rompre; dans la haine ou dans le mariage rompu, la femme n'emporte avec elle que la moindre portion d'elle-même, ne pouvant déménager ni la fleur de son cœur ni sa jeunesse donnée; elle est la faiblesse ruinée à qui le sarcasme de la loi crie : « Tu es l'égale de la force; démêle-toi contre elle comme tu pourras! »

Hors du mariage indissoluble, où est sa : b té,
sa dignité, sa royauté, la femme est libre d'être
esclave ou de se lancer défleurie et désarmée à
travers les dangers de la forêt aventureuse. La
femme sait très bien cela, la femme honnête et
intelligente. Si les femmes savaient voter, la
question du divorce irait au fond de l'eau, sans
qu'il fût besoin de lui attacher une pierre au
cou, car le divorce est une manière de poisson
d'avril, un bienfait moqueur qu'on impose à la
femme malgré elle.

Elle y voit clair, et voilà où est au moins
l'égalité : elle y voit plus clair que ceux qui prétendent la berner.

La vraie, la seule objection dirigée contre la
pérennité du mariage, c'est la gêne qu'il impose
à l'instinct, à la passion déréglée, aux sens, à
l'homme animal. J'en tiens compte et j'y ai répondu. L'homme a un corps, poids matériel
qui l'attire en bas incessamment : faut-il arra-

cher à cet éternel enfant les lisières qui l'empêchent de ramper à quatre pattes ?

On dit : Soyez tranquilles, les bons ménages
ne se dissoudront pas. C'est une question ; mais
il suff(que les mauvais puissent, en se rom-
pant, saccager des quantités de familles.

On énumère les inconvénients malheureusement bien réels de la pérennité ; toute loi en a
et toute chaine, mais les avantages ? Quand ils
auront détruit tout à fait la discipline militaire,
qui est aussi une gêne, ils verront, en passant
la revue de leur armée, ce qui reste d'une gérbe
dont on a dénoué le lien.

Nul ne peut être obligé, disent-ils encore, à
mener une vie malheureuse. C'était l'opinion
d'Épicure, qui préconisait le suicide, et c'est
aussi la manière de voir du soldat qui déserte.
Vont-ils faire une loi pour légitimer ces dé-
routes ?

Ils font tapage de certains cas très rares, où
l'indissolubilité est opposée à la fin même du

mariage. C'est toujours l'exception battant en
brèche la règle. La loi peut-elle, en conscience,
trahir la règle pour l'exception?

Ils disent enfin, et ils n'ont pas torttout à fait :
« Votre raison et votre liberté sont des remèdes
impuissants aux douleurs de certaines unions
infortunées. » C'est vrai : il y a des siècles que
l'Église l'a proclamé.

Je n'ose leur parler du sacrifice, qu'ils ne
comprennent pas, ni leur conseiller la résignation, qu'ils dédaignent, tout en exaltant le dévouement de Curtius, parce qu'il était païen. Il
m'est du moins permis de leur dire que la religion a des remèdes au-dessus de leurs remèdes,
qu'elle ordonne le courage quand même, et qu'il
ne lui arrive jamais de tourner aucune difficulté
en conseillant la banqueroute.

Le mariage a besoin de la religion comme
toute institution humaine, et, comme toute chose
existant sur la terre, il comporte des angoisses
que Dieu seul peut guérir.

II

LA MORALE

Les plaidoyers en faveur du divorce sont pavés de bonnes intentions : c'est pour rendre le mariage plus moral qu'ils y infusent un *quantum sufficit* d'adultère légalisé. M. Alex. Dumas surtout, qui est un *moraliste* fieffé et qui fait usage d'une morale à sensation tout à fait extraordinaire, parle morale à tout bout de ligne. Il ne définit pas la morale, mais il l'étiquette : c'est pour lui Luther, le dos au feu, le ventre à table. Il prend la luxure pleine de vin de son moine apostat et la présente au demi-

9

monde avec confiance, pour faire honte à l'immoralité de l'Église et des saints.

Qu'est-ce que la morale ? Je n'ai point l'honneur de connaître personnellement ceux qui, de notre temps, ont jeté avec éclat comme Luther leur foi par-dessus les moulins, et ne puis par conséquent les offrir en définition vivante de la morale : cela m'oblige à parler des hommes en général, non immortalisés par le parjure.

L'homme, être sensible, intelligent et libre, est mis en rapport avec les autres hommes et avec lui-même par sa sensibilité, par son intelligence, par sa liberté. Les rapports ainsi établis sont soumis à des lois, dont l'ensemble constitue ce qui est appelé *la morale*. On nomme cela aussi par extension *le devoir*, dont les mille exigences peuvent se résumer en deux commandements principaux et très vagues : *faire le bien, éviter le mal.*

Où est le bien ? où est le mal ? Les livres compilés pour répondre à ces deux questions pour-

raient changer le plat du Champ de Mars en
montagne, s'ils y étaient accumulés : d'où il suit
qu'on n'y verrait absolument goutte à ce sujet,
si chaque homme ne portait en soi son flambeau qui l'éclaire, indépendamment de sa volonté et de son savoir acquis. Ce flambeau est
la conscience.

La conscience peut être plus ou moins lumi-
neuse, mais elle est toujours rigoureusement
loyale, parce qu'elle ne saurait avoir de partis
pris. Sa voix n'est pas soumise à l'homme : elle
parle à l'homme malgré lui. Elle est juge et
plus que cela encore : elle est loi. Nul n'appelle
de sa décision souveraine sans perdre aussitôt
son rang d'honnête homme.

Elle récompense généreusement, elle punit
avec des sévérités terribles ceux-là mêmes qui
sont assez fous pour essayer de secouer son
joug.

La bonne conscience est le bonheur ou du
moins la paix au plus profond de ce qui est re-

gardé comme étant l'infortune ; la mauvaise
conscience, ou *le remords*, torture le cœur des
prétendus heureux et des puissants d'apparence
au plus haut de leur triomphe. On dit que certains ont parfois réussi à tuer en eux leur conscience ; je ne le crois pas. Si cela était, ce serait
le plus détestable des suicides.

J.-J. Rousseau, qui est un menteur bourré
d'aveux véridiques, a écrit : « Nous ne haïssons
pas seulement les méchants parce qu'ils nous
nuisent, mais parce qu'ils sont méchants. Nous
les haïssons lors même que leurs crimes nous
seraient profitables. » Cela est vrai absolument
et cela prouve le complet désintéressement de
la conscience, qui n'obéit à aucune de nos passions. Elle est plus que juste, elle est délicate :
car plus un devoir nous a coûté à remplir, plus
le témoignage de la conscience est sonore et
doux.

Le devoir étant à la fois le résultat et la règle
de nos rapports avec autrui et avec nous-mêmes,

il oblige par soi, dans le for intérieur, et cette loi muette est la morale dans sa plus pure définition. Quand ces rapports sont selon l'ordre de la conscience, il y a harmonie dans l'âme et joie; quand ils y sont contraires, il y a trouble et douleur. L'homme est donc porté naturellement à observer la prescription intime du devoir par le besoin qu'il a de vivre en paix avec les autres et avec lui-même.

Mais au delà de la loi du simple devoir, il y a la loi d'amour. Je suis forcé de répéter que je ne parle pas de l'amour tel que l'entendent ces messieurs du divorce, admirateurs des mœurs de Martin Luther, mais de l'amour grand relèvement des cœurs, qui triomphe en se sacrifiant soi-même à autrui. Socrate appelait cet amour-là, cette opulence : « le superflu de l'âme qui est un don divin », et Sénèque déclarait que cet amour « atteste la présence de Dieu au fond de notre nature ».

Cet amour-là est au-dessus du devoir, mais

ne saurait jamais combattre le devoir, parce qu'il s'appuie sur lui sans cesse pour monter vers la perfection.

Et c'est ici que s'impose, en dépit qu'on en ait, la pensée morale de Dieu, qui a promulgué la loi du devoir et qui est le principe de l'amour. Dieu apporte la sanction à la loi du devoir et aux élans de l'amour.

Mais cette sanction n'est pas le but lui-même, je tiens à l'affirmer aux poètes par trop pratiques comme M. Alex. Dumas. Le but va plus haut encore que la sanction, et la morale n'est jamais un commerce. On ne fait pas soit le bien, soit le mal, parce qu'on est récompensé ou puni ; mais on est récompensé ou puni, selon qu'on a fait soit le bien, soit le mal.

A l'homme du devoir, capable de grand amour, Dieu se présente surtout comme le parfait modèle que nul n'égalera, mais qu'on est tenu d'imiter chacun dans la mesure de sa force, comme le secours suprême à invoquer, comme le témoin à redouter dans les heures chancelantes, comme le père-juge à satisfaire.

En face de ce maître éternellement équitable, le but moral de l'homme est défini tout à coup et éclairé d'une pleine lumière : c'est le perfectionnement à poursuivre dès la vie présente pour atteindre à la perfection de la vie future. Les païens ne l'ignoraient pas entièrement ; Platon a dit : « On ressemble à Dieu en faisant le bien. Si on fait le mal, on s'éloigne de Dieu, on reste seul, et la justice est outragée. »

Parmi les philosophes modernes, les uns, comme Kant, donnent tout à la raison et ne laissent rien au sentiment : c'est le stoïcisme, tarissant la source du dévouement et supprimant les héros en tuant le cœur ; les autres, comme Jacobi, font du devoir un sentiment, ouvrant ainsi les portes de la morale aux exagérations de l'hypocrisie ou du fanatisme.

Les philosophies humaines ont de la peine à définir selon une règle certaine les notions du

devoir et de l'amour ; c'est la révélation qui a
rendu à l'homme le plus grand et le plus nécessaire de tous les services en faisant descendre pour lui cette définition du ciel même.
M. Alex. Dumas ne nie point cela. Comme
M. Renan, il avoue volontiers que si la morale moderne y voit plus clair que l'ancienne,
elle le doit à Jésus-Christ.

Seulement, selon eux, il importe peu que
Jésus-Christ soit Dieu ou homme et que les
Évangiles restent ou non inattaquables : ils
admettent en bloc le bienfait de la révélation,
et c'est tout. Cela suffit pour conclure que s'é-
loigner de la révélation, c'est reculer jusqu'à
l'ignorance, jusqu'à l'impuissance de rien
expliquer. N'est-ce rien, cela ?

La morale a donc pour objet le bien à pratiquer, le mal à éviter : qui dira d'une façon
certaine où est l'un, où est l'autre ? qui tranchera les frontières entre deux ? en un mot,

qui fournira les notions exactes du bien et du mal? La révélation.

La Genèse, que ces messieurs regardent comme un poëme rempli de talent et de défaillances, établit le grand fait du péché originel. Ils ne s'en soucient point : cela passe pour eux comme une anecdote originale, quand ils n'y voient point une gaillardise sous voile.

Mais le fait vrai, c'est que la suppression ou la mise en oubli du péché originel est une des maîtresses erreurs du temps où nous sommes. Arracher le péché originel à la révélation, c'est retirer à un monument sa pierre angulaire. Cela ne s'est point fait au hasard. Il a fallu cette *opération* pour écarter en même temps de la pensée des hommes la nécessité de pénitence, de réparation, la nécessité de la venue du Sauveur Jésus et la nécessité de son Église.

Le péché originel admis et tenu en sa lumière dogmatique, tout l'édifice religieux garde son admirable solidité; le péché originel repoussé ou tombé dans l'ombre, combien de choses chancellent! Les raisonneurs peuvent alors, en quelque sorte, croire ou ne pas croire, au choix de leurs pauvres préférences.

Or, pendant cela, pensez-vous que la lutte s'arrête en nous? La lutte ne s'arrête jamais, et le mot de saint Paul est toujours vrai : « La chair désire contre l'esprit, l'esprit contre la chair. » Et c'est hier que le poète a pu dire :

> Hélas ! en guerre avec moi-même,
> Où pourrai-je trouver la paix?
> Je veux et n'accomplis jamais.
> Je veux ; mais, ô misère extrême!
> Je ne fais pas le bien que j'aime,
> Et je fais le mal que je hais !

Ce qui est une traduction du même saint Paul s'écriant : *Non enim quod volo bonum, hoc facio; sed quod nolo malum, hoc ago* [1].

Dans le grand fléau de la guerre entre peuples ou entre citoyens, qui naît de là et ne peut

---

[1] Rom., VII, 19.

naître d'ailleurs, demandons-nous en passant
quelles causes donnent aux uns la défaite, aux
autres la victoire. De même que la peine fait
la vertu, les sacrifices font les victoires, et
l'égoïsme fait la défaite, comme le plaisir fait le
vice et le vice la faiblesse. Il n'y a pas à prouver cela : nous l'avons vu.

Pourquoi, dès lors, dans le mariage, qui est,
pour M. Alexandre Dumas, comme il faut que
cela soit au théâtre, un état de belligérance perpétuelle, serait-il permis de chercher seulement
la satisfaction d'un instinct, ou le plaisir sans
peine ? Où sont donc ici bas ces médailles qui
n'ont point de revers ? Comme, pour faire la victoire, il faut au soldat le sacrifice, il faut au mari
et à la femme le sacrifice pour faire le bonheur, et
Ozanam a dit éloquemment : « S'ils savent ce
qu'ils font, les deux époux sacrifient (beaucoup
de choses), et ils sont heureux de les sacrifier.
Ils n'ont pas besoin, ils ne peuvent pas souffrir
qu'aucune loi vienne les protéger contre eux-

mêmes, leur interdire l'aliénation à perpétuité
de leur personne, changer le don en louage à
terme et faire du mariage un marché. »

Ces messieurs n'essayent même pas de répondre à ces arguments tirés de la morale et affectent de les dédaigner, ce qui est plus facile.

Mais ces arguments sont tenaces et s'imposent. La dignité de l'union conjugale, qui touche si étroitement à la santé politique des nations, exige évidemment que cette union ait la
vie pour durée, la mort pour terme. Même lit,
même tombe. Nous ne sommes pas des musul-
mans; nos femmes, qui n'ont point pour les
garder le rempart d'un harem, veulent être moralement respectées.

Et cela importe non-seulement au ménage,
mais à l'État, plus encore à l'État qu'au ménage : car toutes les vertus, c'est-à-dire toutes
les forces, aussi bien domestiques que sociales,
ont leur source au foyer.

La vie des peuples, tout comme la vie même de la famille, s'élabore autour de ce berceau où nous montrions tout à l'heure l'âme immortelle de la maison et de la patrie : l'enfant, qui n'a toute sa cordiale valeur que dans le mariage inamovible, parce que tout effort humain demande la garantie de durée pour obtenir ses résultats. On ne dépense rien dans les logis qu'on est pour quitter bientôt.

Vous représentez-vous un élan vaillant et durable, pris et continué pour atteindre un sommet qui ne tient pas, qui chancelle, qui va tomber et entraîner celui qui l'a gravi dans sa chute ?

Non : dans le berceau, chez les mariés à perpétuité, dort et sourit une certitude qui explique tous les sacrifices du père, parce qu'elle les payera d'un prix sérieux : son dévouement infatigable, ses privations, son courage au travail, sa patience parfois héroïque ; et qui explique aussi les sacrifices de la mère, récompensés

d'avance au centuple : son laborieux amour,
son abnégation embaumée de sollicitudes, ses
soins exquis, ses angéliques douceurs. Ici le
sommet à gravir est solide, solidement on s'y
établira : il y a raison de faire effort.

Mais, chez les époux divorçables, le berceau
ne contient plus qu'une caresse de la nature
animale. L'enfant a au front une marque qui
est un point d'interrogation. Pourquoi bâtirait-
on à ce vacillant espoir un logis en pierres de
taille ? Un chalet suffit, et même une baraque.
A la rigueur, on pourrait abriter sous toile ces
branlantes communautés qui campent et dé-
campent au gré du caprice, et leur tente
dressée, fût-elle en calicot, survivrait souvent
à leur commerce.

Que devient là-dedans ce qui reste encore
d'éléments robustes dans nos mœurs ? et où
s'en va le charme grave de la famille ? Le sacrifice, nécessaire et naturel autour du berceau
qui contenait l'avenir, était une gymnastique

puissante par laquelle la force nationale sans cesse s'entretenait; la vie publique s'alimentait des vigueurs exercées du père et s'embellisait des vertus de la mère. Autour du berceau qui ne contient plus rien désormais sinon un blond rébus endormi au milieu d'un problème, je vous défie de retrouver le sacrifice envolé. Il n'est plus besoin de gymnastique morale; ce n'est pas la peine. Tout durera toujours assez long-temps, aussi longtemps que ce lien lâche et glissant qui ne demande qu'à se dénouer.

Pour ma part, j'aime mieux l'idée de M. de Girardin que cette ruine hypocrite. Au moins, M. de Girardin « flambe mariage » sans tartu-ferie, pour la plus grande commodité de ses trois millions de protégés. Avec lui on voit du premier coup d'œil la profondeur du trou, tandis que M. Dumas enguirlande de fleurs protestantes et centre-gauchistes l'orifice dis-simulé du vieil abîme de 92, rouvert par M. Naquet, dans le charitable besoin qu'il a de

faire plaisir à la « liberté individuelle », que le
bien public étouffe.

Supprimer la pérennité du nœud conjugal,
parce qu'elle incommode la liberté individuelle,
est une besogne qui étonne assurément la morale : car c'est repousser hors de la loi la saine,
la fortifiante idée de dévouement, et dresser un
piédestal à l'égoïsme ; c'est reconnaître aussi
hautement que faire se peut la prédominance
de l'instinct sur la raison et le souverain domaine de la passion.

Ce coup de canif donné au code atteint la
patrie à travers la famille, et je ne vois point
de loi, pas une seule, qui ne pût être exter-
minée sous le même prétexte : car il n'en est
pas une qui n'empêche la liberté individuelle de
faire quelque chose qui lui soit agréable, tout
en la contraignant à accomplir quelque besogne qui ne lui plaît point. Supprimera-t-on
toutes les lois une à une ?

Il y a dans les contes de fées un pays où les

gendarmes sont légalement arrêtés par les vo-
leurs. Je connais des libertés individuelles qui
pousseraient volontiers la France vers cet
idéal de la civilisation sans gêne. Je prononçais
naguère le mot *inamovibilité* en l'appliquant
aux époux ; nos maîtres n'aiment pas ce qui
est stable, et ils le prouvent par leur conduite
envers la magistrature. Il faut des magistrats
au pied levé pour jouer avec leurs lois sans
racines. « Le bonheur est dans l'inconstance, »
disait un vieux et imbécile refrain. Nous allons
être la nation la plus heureuse du monde, car
nous vivons de roulements : chez nous, la loi
roulera, et les juges rouleront, et les pouvoirs
plus haut montés que les juges, et les opinions,
et les mœurs, et les familles enfin sur le mariage à roulettes !

Je désire sincèrement que tout cela roule
dans un chemin où il n'y ait point de pierres et
qui mène ailleurs qu'à la culbute, mais je n'ose
pas l'espérer. Ceux qui sèment le vent récol-

tent la tempête, et nos semeurs sont des outres
vivantes qui ne peuvent donner que ce qui les
gonfle.

Beaucoup d'entre eux n'ont même pas conscience des pas de géant qu'ils font sur la pente
au bas de laquelle le communisme attend et
guette les sociétés en désarroi. M. Alex. Dumas
fils entre autres, riche, heureux, glorieux, pas-
sionné pour les arts, épris des choses sujettes
à caution, élégantes et faciles, dont il vit et qu'il
fait vivre, ne pousserait certes pas volontiers
jusqu'en ces sauvages latitudes l'aventureux
voyage qu'il a entrepris d'un cœur si léger.
Je crois connaître sa manière de voir sur la
Commune mieux qu'il ne connaît lui-même son
« grand homme » de Luther et les conséquences des principes utilitaires communs à ce
grand homme et à lui. Luther et cet autre ami
de M. Dumas, Jean Huss, qu'il appelle un martyr, n'eussent point assurément déparé la Commune, ni sous le rapport des mœurs ni sous le

rapport des idées, et la Commune est leur petite-fille, née de leur fille la Révolution.

Les *principes* de la Commune de Paris — celle que nous avons vue — en fait de mariage, n'avaient pas poussé comme des champignons, et ils sont bien fous ceux qui croient que le para-doxe est une amusette avec laquelle les enfants âgés peuvent se désennuyer sans péril. Il y a bien longtemps que les sornettes du théâtre sablent les sentiers où titube l'ivresse de l'idée.

Dès 1841, je lis dans les procès-verbaux de la *Société des travailleurs égalitaires*, aïeule de l'Internationale (séance du 20 juillet) : « Le mariage doit disparaître comme une loi injuste, qui rend esclave ce que la nature a fait libre et *qui fait de la chair une propriété person-nelle*. Par là il rend impossible la communauté des biens et par conséquent le bonheur, puis-qu'il est évident que la communauté des biens ne supporte aucune espèce de propriété. »

Le malheur éternel des lanceurs de paradoxe

est qu'ils croient naïvement posséder le monopole de la logique. Généralement ils n'en ont
même pas la portion congrue, et il est curieux
de voir leur étonnement profond quand d'autres
arrivent tirant d'épouvantables conséquences
de leurs prémisses relativement innocentes et
qu'ils regardaient comme des jeux d'académie.

Je le dis à M. Dumas comme cela existe en
vérité : son livre est une efflorescence amoindrie
des *principes* exprimés dans le procès-verbal
de 1841, et ces *principes* eux-mêmes, qui sont
ceux de la Commune, peuvent passer pour un
agrandissement logique, pour un rehaussement
fidèlement élaboré de l'idée incomplète et para-
doxale de ceux qui se bornent à prêcher les moyens de dissoudre le mariage indissoluble avec la
complicité de la loi. Pareille loi est une semence
de révolte contre le bon sens, un déni de morale,
un germe de désordre jeté dans le droit naturel.
Sitôt qu'elle aura été mise en terre, elle
germera, et bien plus vite que vous ne le pensez.

Tout le monde ne joue pas avec les idées;
il y a des *conséquenciers* terribles, qui jamais
ne font halte à mi-route. La pérennité du mariage était une forteresse : vous la démolissez,
on passera.

Et quel moment avez-vous choisi pour ruiner
cette barrière, dernier vestige, chez nous, des-
grandes protections que Dieu étendait jadis au-
dessus de la France royale ?

L'heure est cruelle entre toutes, cruelle à
cause de ce qui arrive, cruelle encore plus par
ce qui menace. Notre politique de misère pro-
voque l'ironie des applaudissements chez nos
plus mortels ennemis. La persécution religieuse
s'affirme, menée dès le début sans mesure
comme sans discernement, et atteint déjà de si
honteuses proportions, que la pudeur des cultes
dissidents s'en est émue et qu'on a pu entendre
des pasteurs calvinistes crier à nos petits bour-
reaux énergumènes : « Casse-cou ! vous allez
trop loin et trop bas. Nous qui sommes pour-

tant des protestants, nous ne pouvons vous
suivre jusqu'au bout de votre ignominieuse
glissade, où est non-seulement la mort de la religion, mais le meurtre de la liberté. »

Et tout alentour chaque chose se précipite
dans le sens de cet effondrement officiel : c'est
la danse de Saint-Guy du plongeon, et c'est à
qui se noiera tête première dans la boue la
plus profonde. Nous avons vu dans nos encein-
tes parlementaires des disputes de crocheteurs
dont le scandale aurait fait fermer un cabaret ;
la charité est traquée, expulsée et honnie ; les
revenants du bagne sont fêtés bruyamment,
comme s'ils rentraient de la croisade; les journaux... Mais à quoi bon appuyer sur ces or-
gies ? Un Anglais me disait cet hiver en détour-
nant ses regards des infamies caricaturales qui
souillaient nos murailles : « Quel appétit de
fange! quelle soif de sang! Il faut une bien
grosse tyrannie pour fomenter pareille liberté!»
Cet Anglais se trompait : il ne fallait que beau-

coup d'aveuglement, uni à beaucoup d'impuissance.

Et notre littérature dite *populaire*, faut-il
avoir le courage d'en parler ici, pour donner le
dernier coup de pinceau à ce tableau si incom-
plet de nos décadences ? M. Alex. Dumas doit
savoir où les choses en sont : car il a essayé ré-
cemment, dans une de ses préfaces, de donner
des leçons de rhétorique théâtrale au plus célèbre de ces romanciers qui grouillent sur les
trottoirs du feuilleton. M. Dumas, en prêchant
cet écrivain à propos de son *style*, a gardé le silence sur sa morale, et j'espère pour lui qu'il en
pensait très long à ce sujet.

Ce n'est pas à dire que je préfère de beaucoup
pour le fond la morale de M. Dumas à celle de
cet écrivain, s'il en a ; mais l'effronterie même
de la forme peut exhaler un poison qui lui est
propre et qui est très violent. L'absence avouée
du sens vulgaire de pudeur dégage une force
dans les heures condamnées où les curiosités

fouillent sous les ruisseaux au lieu de s'élever
vers les choses invisibles qui dominent la terre.
Il est des moments bas-percés où le mauvais ton
devient un « moyen » oratoire et où l'art consiste
à ne jamais nettoyer ni ses mains ni ses bottes.

Les hommes *d'idéal* comme M. Dumas (et
quel idéal !), ces esprits charmants qui sèment
leurs bagatelles semi-sérieuses et très curieuses,
glands hybrides produisant toujours des arbres
impossibles, se rendent-ils compte de l'état ac-
tuel de notre sol, où tombe la graine de leur se-
maille ? C'est un terreau fermenté puissamment,
que le fumier de nos mœurs, de notre politique
et de notre littérature pénètre à d'étonnantes
profondeurs, et qui possède une incomparable
puissance de fertilité pour le mal.

La loi Ferry ne caresse que les haines, la loi
Naquet émoustille les sensualités ; la loi Ferry,
brutalement stupide et tyrannique, écrase la
liberté avec d'odieuses ostentations de lour-
deur ; la loi Naquet, habillée de bonhomie,

chante une *Marseillaise* bourgeoise sur l'air des cantiques de Béranger : elle poussera vite sous l'engrais où on l'a mise et produira un très gros arbre.

Je ne sais comment se nomme cet autre arbre de la zone tropicale qui est aussi très beau et qui tue tout ce qui repose sous son ombre empoisonnée. L'ombre portée par l'arbre du divorce, également épaisse, sera également mortelle. Ceux qui veulent voir pour croire n'attendront pas longtemps et ne verront que trop tôt. Vous savez comment les champignons, ces furoncles de la terre, pullulent sur couches : l'un appelle l'autre ; et M. de Girardin espère bien, il l'a dit, que le divorce appellera l'union libre, cette mécanique si simple qui anéantit radicalement la famille pour venger ceux qui n'ont pas de famille, et qui enterrera la paternité pour consoler les enfants sans pères, lesquels n'auront plus sujet de se plaindre, puisque personne n'aura de père.

10

C'est la recette démocratique, supprimant partout le bien à cause de la concurrence injuste et victorieuse qu'il fait au mal. La moderne chevalerie errante plie en deux ainsi ceux qui sont droits, au lieu de faire comme l'ancienne, qui redressait les torts. C'est le rebours du progrès.

Y a-t-il quelque chose encore au delà de l'union libre? Je ne sais ; mais si cette superlative extravagance existe, on y arrivera. La passion, en effet, est insatiable de sa nature ; la loi qui lui lâche la bride, abdique à la fois sa propre autorité et sa propre liberté. A cet égard, le second Portalis a écrit des pages solides et superbes, que ces messieurs n'ont garde de lire.

Après avoir prouvé que le divorce, moralement parlant, est un remède pire que n'importe quel mal et illusoire par-dessus le marché, il se demande ce que les époux déliés de leur serment emportent de la maison abandonnée. Sont-ils aujourd'hui ce qu'ils étaient hier? recommence-t-on la vie? retrouve-t-on dans des liens nouveaux la puissance d'union qu'une longue vie commune a donnée à deux âmes?

Avec le divorce, le développement progressif des sentiments a été arrêté; le cours de l'existence morale des individus, conforme à la nature, a été interrompu violemment. Avec quelles défiances le mari victime, avec quelles prétentions tyranniques le mari vainqueur de la loi naturelle du ménage n'aborderont-ils pas la nouvelle union?

Et l'épouse divorcée qui convole à d'autres noces? votre Code lui rendra-t-il sa propre estime ou l'estime du monde? sera-t-elle, même pour le nouvel époux, autre chose que la veuve d'un homme qui n'est pas mort?

Et quel cœur apportera-t-elle dans la maison nouvelle? quelle portion en sera restée à l'ancien foyer? n'en demeure-t-il rien qui s'attache aux enfants de l'autre homme, celui qui le premier l'a rendue mère? Ah! ce sont là des accouplements étranges! deux cœurs fatigués et fanés, qui regarderont sans cesse en arrière! Et le berceau, cette joie jalouse, qu'est-il là dedans? L'enfant qui vient n'a plus des sœurs et des frères, mais des rivaux et des rivales; presque des ennemis!

La loi du divorce semble poser en principe que le moyen de tenir en bride les passions humaines est de fléchir devant elles. Demandez à tous les pouvoirs tombés ce qu'ils pensent de cette ironique panacée qu'on nomme les « concessions ». Il n'en est pas un qui n'en soit mort. Le vice est la révolte naturelle (animalement parlant) de notre instinctif besoin de changement; faut-il encourager cette faiblesse au lieu de la combattre? Toutes les philosophies et toutes les religions ont eu pour but jusqu'ici de la décourager, comme une disposition maladive et nuisible.

« Les lois doivent être préventives ou répressives de tout ce qui trouble l'ordre moral : ce se-

rait tout à la fois mal raisonner et agir impru-
demment que de déclarer licites, à *cause des
imperfections humaines*, les actions injustes,
dommageables ou malhonnêtes ; la raison et
l'équité commandent également de les déclarer
criminelles... La véritable pitié veut qu'on
épargne aux hommes les occasions de faiblir et
non point qu'on leur en fournisse les moyens
réguliers et légaux.

« C'est une vieille maxime de morale pratique qu'il est plus aisé de résister à ses passions
que de les gouverner, et ce serait bien mal connaître les hommes que de craindre de leur imposer justement des devoirs sévères... Ce n'est
qu'en leur révélant la dignité de leur nature
qu'on leur impose le respect d'eux-mêmes, qui
est la source de toutes les vertus. »

C'est pour cela que le protestant David Hume
a dit : « Ne craignons pas de resserrer le nœud
du mariage : si la tendresse des époux est solide et sincère, elle ne pourra qu'y gagner ; si

10.

elle est chancelante, c'est le meilleur moyen de
la fixer. Il n'est besoin que d'une prudence mé-
diocre pour pardonner défauts de caractère et
goûts frivoles quand on se sait obligé à vie, tandis qu'on va bien vite à toutes extrémités et qu'il
en résulte des plaintes mortelles, si l'on sent la
séparation possible ». Ceci est le cri du bon
sens. L'expérience le confirme et l'histoire le
consacre.

De nos jours, le mariage est assurément bien
dégénéré, ce n'est pas moi qui contesterai cette
malheureuse évidence. C'est désormais et la
plupart du temps une pure et simple affaire, un
expédient pour raffermir telle situation chancelante ou arranger tel embarras. A qui la faute ?
Aux mœurs. Est-ce le cas d'incliner la loi devant ces mœurs mauvaises, quand la mission
de la loi est précisément d'améliorer ces mêmes
mœurs ? Il suffit de poser pareille question

pour mettre en lumière l'immoralité du divorce.

Le mariage, en effet, ne change point de nature à mesure que le niveau des bonnes mœurs
s'affaisse. Si vous avez quelque chose à réfor-
mer ici, ce sont manifestement les mœurs.
Puisque la pensée austère de la perpétuité du
lien conjugal ne préserve pas les hommes de
notre temps contre la légèreté qu'ils mettent à
serrer ce nœud, le divorce établi n'apportera-t-il
pas un nouvel élément d'imprévoyance ?

J'emploie les mots les moins durs qu'il m'est
possible de trouver.

Les engagements téméraires, les unions inconsidérées se multiplieront en vue d'une dissolution facile ; en outre, les moindres dégoûts
rendront la vie commune insupportable ;
chacun des deux captifs vivra les yeux tournés
vers la porte entr'ouverte de la geôle, où quelqu'un toujours l'appellera, et votre divorce, qui
affiche la prétention d'assainir les mœurs, aura

tout uniment corrompu le mariage même.

En voulez-vous la preuve? et faut-il vous faire comprendre à quel point la prime offerte au dérèglement par l'institution du divorce est patente et connue ? J'ai réservé cette question, qui avait sa place dans mon exposé historique, parce qu'elle vient tout naturellement au chapitre de la morale. M. A. Dumas, qui connaît si bien l'Angleterre, ne peut manquer de savoir que là-bas un gentleman en peine de trouver un moyen de divorce n'y va pas par quatre chemins. Il n'a qu'à se rendre ostensiblement coupable d'adultère et à se procurer deux témoins, comme on fait chez nous pour obtenir une légalisation de signature à la mairie. Ce n'est pas plus malaisé que cela.

Le divorce, à Londres, a multiplié les crimes d'adultère de telle sorte, qu'au sein même du parlement l'évêque protestant de Rochester a pu dire, en réponse à lord Mulgrave et sans soulever l'ombre d'un démenti, que, « sur dix demandes de divorce ayant pour base ce motif, neuf avaient été préparées par le concert du mari avec un *fellow* très complaisant qui se chargeait d'entraîner milady, réellement ou en apparence, en ayant soin de ménager les preuves et témoignages à fournir devant la justice. »

Ce fait, qui est anglais énergiquement, ne pourra qu'augmenter l'admiration professée par M. Dumas à l'endroit de ses amis calvinistes et de leur esprit *pratique*.

Or, peut-on rêver une loi plus immorale que celle qui transforme le vice en instrument de procédure et lui décerne une prime judiciaire?

S'il vous plaît, cependant, retournez le cas: supposez qu'il se trouve là-bas un conjoint autrement fait, une femme, par exemple, vertueuse et préférant la souffrance de l'union mal assortie à cette extrémité du *déshonneur légal* (ne vous récriez point sur ce mot: ceux qui nous opposent des pastorales exotiques à

propos du divorce, savent aussi bien que nous
l'accablant mépris dont le monde charge les
époux divorcés en Angleterre, en Allemagne,
en Suisse, dans tous les pays où cette loi sévit);
supposez, disais-je, que milady ne veuille point
déserter le poste où Dieu l'a placée : elle aime
ses enfants, elle a de la piété, elle est catholique
peut être ; enfin, pour une cause ou pour une
autre, sa conscience lui défend de descendre au
divorce : croyez-vous que l'autre conjoint, celui
qui veut s'envoler, sera très embarrassé ?

Point.

Le mari peut arriver au divorce par son propre péché bien constaté ; il pèche et il constate :
lisez les journaux d'outre - Manche ! il pèche pour ainsi dire par devant tabellion et ga-
gne son divorce à la sueur de ses adultères au-
thentiqués !

Et la femme est vaincue dans sa chrétienne
résistance, non pas tant par la diplomatie *pratique* de ce Lovelace de procédure que par

l'immoralité odieuse de la loi servant une prime
au vice, tournant le crime en comédie et prê-
tant à la honte des outils à la fois burlesques
et terribles pour opprimer l'honneur !

« Après cela, disait ce grand croyant de Bonald que nos aimables partisans du divorce trai-
tent de *perruque*, après cela, fondez des rosiè-
res pour récompenser la vertu des filles, faites
des idylles pour chanter la félicité des époux,
primez la fécondité des mères, mettez des im-
pôts sur le célibat, et vous verrez avec tous vos
moyens philosophiques les désordres de la licence croitre avec le dégoût du mariage, et
vous verrez vos mœurs devenir, s'il est possible,
aussi faibles que vos lois ! »

C'est bien dit, mais c'était dit à un moment
où les décadences avaient encore de la marge
avant d'arriver à l'abîme. Maintenant, l'abîme
est là tout près; nous en sortons à peine, et
quelque chose nous y entraine de nouveau.
Maintenant, ce n eserait plus assez dire.

Le divorce est la forme légale d'un mal redoutable, qui n'avait de remède que dans la famille puissamment constituée, et par conséquent dans l'indissolubilité du mariage. On nous ramène le divorce : le mal va grandir fléau. L'indissolubilité n'était qu'une barrière et n'arrêtait pas toutes les contrebandes ; le divorce est le libre échange, la contrebande passée en droit.

Plus un peuple est incapable de régler ses appétits et de chercher dans sa raison un frein à ses instincts, moins il est porté à former des unions stables et moins il sent le besoin d'en supporter avec persévérance les charges parfois très pesantes, quand une fois ces unions sont formées. Le nombre des divorces, l'histoire nous le crie, augmente en raison directe de la corruption publique, à tel point que le divorce et la corruption semblent liés par une parenté mystérieuse.

Nos contradicteurs n'ont pas encore songé à nier tout haut que la corruption soit contraire à la raison et à la liberté. Ces défaillances de logique, inhérentes à la faiblesse humaine, se conçoivent dans les mœurs, où elles sont l'immoralité même : on peut se borner à en gémir ; mais quand la morale s'exile de la loi et quand l'immoralité y pénètre à portes grandes ouvertes, que dire et que faire ?

On rirait, si le sujet n'était lugubre, de la prétention d'une loi se donnant la tâche impossible de rendre l'immoralité morale. L'écharpe du citoyen maire et la lecture faite par lui d'un article du Code peuvent-elles faire échec à la conscience de tous et au droit de nature ? Les auteurs où M. Dumas puise ses sarcasmes contre l'Église, racontent que les moines gourmands faisaient autrefois carême avec des lièvres et des poulardes qu'ils baptisaient carpes et brochets. Ce sont là de mauvaises plaisanteries très vieilles, dont la décrépitude divertit encore le côté prudhommesque de l'esprit français ; mais M. Dumas ne rit plus en nous montrant

11

ce lièvre ou cette poularde : l'adultère que
M. le maire prend entre ses mains respectables
pour le baptiser tout à coup légitimité.

Y a-t-il donc plus de différence entre une
carpe et un chapon qu'entre la vertu et le vice ?

Quelques époux séparés judiciairement vivent
aujourd'hui en concubinage, c'est tristement
certain ; mais, outre qu'on enfle à plaisir et avec
une passion folle le nombre déjà trop grand de
ces malheurs cachés, croit-on guérir la plaie
en doublant, en triplant, en quadruplant la multitude de ces misères, qu'on rendra non seulement publiques, mais légales ? Les lièvres des
moines prévaricateurs ne devenaient point brochets, vous en êtes bien convaincus : laissez-
nous penser que vous aurez beau baptiser votre
immoralité, jamais vous n'en ferez de la morale !

A moins toutefois que votre bizarre sophisme
ne prenne place un de ces matins dans la maison de la logique. Voici déjà bien du temps que

vous essayez de niveler par bas, coupant comme
Tarquin la tête des hautes choses dans l'intérêt
des choses naines. Vous nous dites maintenant,
ce qui sort du même évangile : « Tous les
hommes font le mal, donc il faut aviser et faire
en sorte que le mal soit le bien. »

D'abord, il n'est pas en votre pouvoir d'opérer cette extravagante métamorphose ; ensuite
votre calcul n'est point exact : personne n'est
parfait, il est vrai ; mais je connais encore des
cœurs honnêtes : la preuve, c'est que votre loi
du divorce a des ennemis résolus, en beaucoup
plus grand nombre que vous ne le pensez, et
que l'inimitié de ces bonnes gens a précisément
pour origine ce fait que votre loi répudie le bien
pour épouser le mal, saccageant ainsi l'ordre
moral de fond en comble.

Mais revenons à votre sophisme copié de
Tarquin. Que diriez-vous d'un capitaine marin
qui, voyant quelques hommes de son bord,
beaucoup d'hommes, si vous voulez, tomber à

la mer, au lieu d'envoyer à leur secours, ordon-
nerait de saborder le navire et de l'engloutir
ainsi à pic au fond de l'eau? Assurément, vous
avez trop bon cœur pour ne pas plaindre l'équi-
page de ce commandant ultra-fantaisiste.

Et vous voilà qui dépassez sa fringale insen-
sée sur ce grand et antique vaisseau, le mariage
indissoluble ! Parce qu'il y a des ménages malheureux où les époux se livrent à l'immoralité,
vous faites, hors de tout propos, une tentative
homœopathique et vous offrez en remède l'adultère aux ménages même honnêtes, en le cou-
vrant du bénéfice de la loi !

La loi qui se laisse glisser hors de la morale,
ne mérite pas le nom de loi. Qu'est-ce qu'une
loi qui, au lieu de punir les coupables en les pri-
vant à tout le moins du prix qu'ils ont rêvé en
mal faisant, le leur assure? qu'est-ce qu'une
loi qui sourit amoureusement au vice, et l'appelle, et le fomente? Ah! le vice chez nous est
trop gros et trop gras pour que la loi ait besoin

de l'encourager comme l'élève des bœufs ou la production de la laine !

Je sais qu'à côté du coupable il y a souvent l'innocent, et croyez que je ne l'oublie point. La loi n'y songe guère et se défie de lui comme il se méfie d'elle. La loi ne s'occupe de l'innocent que pour s'en faire un argument. Elle sait bien que l'innocent sortira du mariage, diminué, découronné ; elle se doute bien qu'il n'en sortira pas pour aller où ira le coupable ; ce n'est pas lui, dans la plupart des cas, l'innocent, qui convolera à d'autres aventures matrimoniales : il a été échaudé, il craint l'eau froide. Et il a souvent un autre motif encore de rester dans la solitude.

Il faut le dire parce que c'est la vérité vraie : l'innocent ici est presque toujours le chrétien, et le chrétien n'a pas à user des prétendus droits que la loi lui donne contre le commandement de Dieu. Le chrétien a souffert avec patience dans ce mariage que les poètes du di-

vorce appellent un enfer et qui était pour lui,
croyant, un purgatoire. Je n'ai pas ici à traiter
la question trop haute de la fécondité morale
du malheur et des admirables bénéfices que
l'âme récolte dans le champ de l'infortune. Ce
n'est pas mon sujet : je parle d'une loi impie et
je m'adresse à des gens du monde ; mais il est
certain que la souffrance dans le mariage a été
de tout temps la source des plus hautes victoires morales et des meilleures vertus rejail-
lissant sur l'enfant, et par l'enfant sur la patrie.

Il y aurait une loi à méditer pour nos « moralistes » et bien digne d'exercer leur vaste
intelligence. Malgré le grand prix de la souffrance, qui est pour notre nature humaine une
épreuve si féconde et un si généreux motif
d'efforts, je ne m'opposerais point à la loi dont
je parle et qui supprimerait définitivement le
malheur sur la terre. Seulement, j'en préviens
d'avance nos libres bienfaiteurs de l'humanité : le médicament qu'ils distribuent au ma-

riage malade ne donne pas très grande idée de
leur capacité. Ils ont drogué le patient à tâtons.
Qu'ils prennent bien garde, ces docteurs myo-
pes, d'essuyer les verres de leurs bésicles pour
ne point fabriquer leur loi contre le malheur
aussi gauchement que leur loi *en faveur* du
mariage : car ils ont tué le mariage en essayant
de le servir, et ils pourraient bien engraisser le
malheur en tâchant de lui faire pièce. Un véritable ami est une douce chose, mais quand il
n'est pas pharmacien.

Faut-il dire un mot, sous cette rubrique « la
Morale », du transcendant *tue-la* et des crimes
innombrables auxquels on condamnerait l'humanité, si on la privait de ce vésicatoire : le divorce? Je ne prétends pas blâmer M. Dumas de
ce qu'il déplore l'état de raréfaction où est tombée la vertu en ce bas monde : la souffrance
résignée ne se rencontre pas, en effet, à tout
coin de rue ; mais à un poète tel que lui on peut

bien opposer un poète. Le divorce n'empêche
pas du tout qu'on use du « tue-la », ni même
du « tue-le » : car, à l'époque même où le divorce, sous les Césars, s'épanouissait dans sa
plus délétère floraison, Martial [1] nous apprend
que les crimes d'époux à époux se reprodui-
saient d'autant plus fréquents, que les liens du
mariage étaient plus fragiles.

C'était au moment même où le plus futile caprice suffisait à trancher le nœud conjugal, qu'il
se formait un nombre toujours croissant de ces
monstres qui s'ingénient à le briser par le meurtre. Il ne faut point s'en étonner : l'immoralité
sous toutes ses formes appelle le sang, et le divorce ne peut échapper à cette règle. J'en suis
fâché pour le « tue-la », qui m'avait fait de l'effet autrefois; mais c'est un *mot d'auteur*,
comme disait cet autre moraliste, Henri Mon-
nier, un simple argument de théâtre.

1. *Epigram.*, lib. IX, ep. LXXIX,

Au contraire, nous pouvons demander à n'importe lequel de ces messieurs et à M. Dumas, entre autres s'ils connaissent des temps, s'ils peuvent citer des peuples où l'on ait vu les mariages mieux réglés, les crimes plus rares, les mœurs plus pures que parmi les chrétiens, au moment où la morale de l'Évangile et le dogme catholique de l'indissolubilité conjugale étaient virtuellement en honneur. Nous avons la certitude de ne point obtenir de réponse.

A moins qu'on ne prenne comme une réplique détournée la naïve interrogation de M. Dumas, qui se demande avec sollicitude comment il se fait que l'Église toute-puissante n'ait point su *empêcher* le mariage de se corrompre, ni l'idée du divorce de renaître en faisant de rapides progrès. L'idée du divorce est revenue ainsi avec la corruption même, comme M. Dumas ne le dissimule point. L'Église ouvre sa route sur la terre non moins laborieusement que les hommes ; elle continue Jésus-Homme,

11.

qui n'a pu *empêcher* le libre examen d'empoisonner la foi, ni *empêcher* les peuples chrétiens de s'égarer parfois très loin de la morale
chrétienne.

Et c'est parce que le doute philosophique a
fusé comme une humidité malsaine à travers
les murailles de la maison chrétienne, parce
que les chrétiens sont tombés de moins en
moins chrétiens, à mesure que les choses les
plus saintes étaient traînées dans le ruisseau de
la discussion vulgaire, que la corruption s'est
introduite à la faveur du désordre, et que le divorce, profitant de la corruption, a relevé la
tête : les désastres se suivent.

Le miracle de l'Église n'est pas d'empêcher
que l'épreuve naisse, ni la douleur, ni le martyre ; le miracle perpétuel de l'Église est de
vivre en subissant l'épreuve quelle qu'elle soit,
de traverser victorieusement la douleur et de
régner dans le martyre.

Plus d'une fois, à travers les âges, le mauvais

exemple est descendu de très haut : je n'ai nullement besoin de nier ces scandales illustres,
dont M. Dumas prend évidemment plaisir, je
ne devine pas pourquoi, à exagérer le nombre
et l'importance ; je ne nie pas davantage l'influence que de si hauts et si funestes exemples
ont dû avoir sur la corruption des mœurs ; mais
je remarque avec étonnement que M. Dumas, si
sévère pour de simples défaillances de la nature,
n'a pas même salué Henri VIII d'un blâme, et
qu'il n'a pas trouvé une petite place dans l'une des
quatre cents pages de son livre pour reprocher
doucement à son « grand homme » de Luther
d'avoir permis, non pas le divorce, mais la
polygamie à tel prince allemand que tout le
monde connaît. Pourquoi tant de sévérité ici ?
pourquoi là de si étranges tolérances ?

Il est vrai que M. Dumas admet et proclame
en divers passages que la morale de l'Évangile
est la plus pure et la plus haute de toutes ; mais
cela ne l'empêche pas de réclamer pour l'avenir

un Dieu plus large et plus complet que celui de
l'Évangile. Jésus est loin de lui suffire, et il
décoche même çà et là quelques critiques ami-
cales au Père éternel. Cela ne me regarde
point, surtout ici : nous en sommes à la querelle du divorce avec la morale.

Oui, M. Dumas a raison : la morale du « ser-
mon sur la montagne » est une loi unique en
sa droiture et en sa grandeur; elle oblige tout
homme à la vertu morale, elle le pousse à la
perfection morale en lui montrant Dieu, le
modèle qu'il faut suivre, et le ciel, inestimable
prix qu'il faut conquérir. Elle est en outre,
cette morale, la loi de charité qui dépouille
l'homme de lui-même pour en faire l'ouvrier
du bonheur d'autrui. Comment M. Dumas, qui
connaît, qui aime, qui admire cette loi si simplement sublime, peut-il poursuivre ses vieilles
coquetteries aux genoux de l'autre loi, celle de
l'homme, qui immole dans l'intérêt du *moi*
autant de victimes qu'il en faut pour assurer

l'idiote et passagère jouissance de l'égoïsme impitoyable? Ceux qui protègent la loi Naquet auront fait peut-être bien des victimes dans le mariage, mais ils en feront davantage dans le divorce.

Nous les verrons quelque jour se frapper la poitrine, et nous les entendrons gémir leur *mea culpa*, à l'exemple des moralistes de la Convention.

III

LA POLITIQUE

———

La politique, dans le bon sens vulgaire appliqué à ce mot par les millions de curieux qui
déjeûnent, dinent et soupent de la lecture des
journaux, dévorant avec une avidité naïve et
toujours nouvelle cette viande de « l'informa-
tion » à laquelle nous n'appliquerons point
d'épithète et qui leur est servie en abondance
extraordinaire, à des prix très vils, quoique trop
élevés, par une cuisine bourgeoise qu'on nomme
la presse: la politique, dis-je, est le compte
rendu quotidien des incidents qui émaillent
l'éternelle et confuse escarmouche disputée

entre les gouvernements et les peuples, entre les choses dites officielles et les choses dites d'opposition. C'est un ennui qui amuse, un vide encombré, une monotonie toujours la même et sans cesse variable. L'Europe moderne boit cette politique comme elle prend son café, et ne peut s'en passer. Les Chinois préfèrent l'opium.

Nous ne parlerons point ici, bien entendu, de cette politique foraine qui fait l'objet de tant de commerces et nous restituerons au mot son étymologie grecque. Le mot *politique* exprime l'ensemble des besoins de *la ville*, c'est-à-dire de la patrie, puisque la patrie, pour les Grecs, était communément une ville, comme Athènes, Sparte, Thèbes, etc.

La politique est donc, dans son sens actif, la science de tenir en santé la patrie; dans son sens passif, l'ensemble des droits et des devoirs qui se balancent entre gouvernants et gouvernés.

De même que le droit naturel nous a conduits au chapitre des mœurs, de même la morale générale nous mène à la politique, entendue dans sa signification haute et utile. L'autre politique, celle de la goguette quotidienne et du pugilat parlementaire qui ne s'arrête jamais, ne nous regarde pas.

Rappelons d'abord les notions fondamentales que tout le monde est censé connaître et que beaucoup ont oubliées.

La sociabilité est le grand besoin des hommes : par suite, l'état de société est la condition normale de l'espèce humaine. Cet état répond à la nécessité de nature qui pousse tout homme à développer le plus possible ses facultés et qui l'invite à bénéficier de ce développement.

L'homme entre en société avec sa pleine nature, composée de raison, de passions ou instincts moraux, d'instincts ou besoins physiques. Ces facultés essentiellement diverses donnent naissance à trois ordres de faits généraux, toujours les mêmes dans toute société humaine :

Faits intellectuels, réunissant ou divisant les esprits dans la connaissance d'abord, ensuite dans l'acceptation ou le refus de certaines vérités maîtresses, principes dans lesquels la vie sociale trouve son point de départ et la civilisation sa fécondante formule. Si l'on demande ce qui arrive aux sociétés qui méconnaissent ces principes, je renverrai aux pages de l'histoire qui racontent la mort des sociétés ;

Faits moraux, renfermant le développement de nos passions et de nos affections en conformité avec les droits et les devoirs dont le bilan bien équilibré est la base de toute société régulière ;

Faits économiques, comprenant l'effort ou l'apaisement de nos besoins matériels, avec l'appréciation des agents mis en œuvre pour satisfaire à ces besoins.

Au-dessus de ces trois ordres de faits généraux et pour en assurer l'évolution normale, un

État quelconque, un « pouvoir » préside au jeu de la machine sociale. La politique est le code ou recueil des lois qui doivent régir les rapports réciproques de chaque individu faisant partie de la société et du gouvernement qui la dirige.

Au-dessus encore, historiquement et nécessairement parlant, il y a la religion. Bien des gens penseront qu'il serait bon de la passer ici sous silence, puisqu'on est en train de lui « faire son affaire » ; mais telle n'est pas notre manière de voir : la religion a la vie si dure ! Voilà cent ans qu'on l'a couchée sur l'enclume et que le marteau joue contre elle sans relâche : y paraît-il beaucoup ? La religion est toujours fraîche et forte, plus forte et plus fraîche de beaucoup qu'il y a cent ans. Il n'est pas même besoin de feuilleter des livres pour savoir que tous ceux qui ont assassiné la religion sont morts et que la religion assassinée garde sa santé parfaite.

A l'égard des choses de Dieu, aujourd'hui

ressemble à hier et demain leur sera tout pareil,
même en cas de persécution solidement condi-
tionnée. Messieurs du divorce, y compris
M. Alexandre Dumas, qui a trempé son doigt
maladroitement dans la persécution en jetant
l'outrage aux Jésuites martyrisés, je puis vous
affirmer qu'entre l'enclume et le marteau la
religion se porte comme un charme. Et vous ?

Aujourd'hui, vous vivotez agréablement, et
je vous en félicite ; mais demain ? Ah ! citoyens,
demain ne vous appartient pas, parce que justement la religion en est propriétaire.

Demain est le domaine de la religion, parce
qu'elle est le trait d'union entre l'homme péris-
sable et le principe éternel de la vérité, de la
justice et de la vie. Elle ne s'occupe guère de
ceux qui la frappent que pour les plaindre et
les bénir. C'est humiliant, je ne dis pas non ;
mais cela peut être utile. Tous les apostats ne finis-
sent point comme Julien en crachant leur sang
à la face du ciel : on en a vu saintement mourir,

et je vous souhaite un sort pareil, quand votre
heure aura sonné. Si semblable heureuse fortune vous advient, soyez sûrs que vous le devrez
à la religion, qui, sur l'enclume et sous le marteau, à l'heure même où vous frappiez, aura prié
pour vous.

La religion se présente à l'homme qui relève
la tête pour la regarder debout au-dessus de
toutes choses et portant à son front auguste la
double couronne de l'autorité et de la liberté.
Au nom du Dieu qui a fait l'homme sociable,
elle est l'âme nécessaire et l'indispensable foyer
de toutes les sociétés humaines, même de celles qui perdent leur peine à la crucifier.

Le travail est l'exercice continu des facultés
et des forces humaines. Il les développe et
apparaît ainsi comme l'élément vital des sociétés. L'oisiveté, par contre, produit l'affaiblisse-
ment des facultés et amène la dissolution

sociale. C'est un divorce entre l'homme et la
loi de sa vie.

Le but poursuivi par l'homme en société se
désigne par un seul mot, très grand mais très
vague : le progrès, que chacun définit comme
il l'entend, mais qui recouvre une réalité des
plus hautes. Pour que le progrès s'effectue dans
son bon et vrai sens, favorable au bonheur
des hommes, il faut que les trois ordres de
faits signalés par nous suivent une progression
parallèle, à savoir les faits de l'intelligence, les
faits moraux ou vertus, et les faits économiques,
ayant trait au bien-être commun ou individuel.
Toutes ces choses doivent marcher de front et
se développer sous l'aile du pouvoir politique,
à la faveur de la religion ; le premier sauve-
gardant l'ordre social et aidant la seconde à
réaliser ce bénéfice que nous nommons progrès
et qui est profitable à tous.

Qu'arriverait-il si l'un ou l'autre de ces
ordres de faits, ou plusieurs même se trou-

vaient sacrifiés par la faute des mœurs ou par
suite d'un entraînement de pouvoir ? qu'arriverait-il, par exemple, si le progrès ne portait
que sur les faits économiques, au préjudice des
faits de l'ordre intellectuel et des faits de l'ordre moral tout d'un coup négligés ? La réponse
est bien simple malheureusement, et les événe-
ments se chargent toujours de la fournir aussi
bien dans le passé que pour le présent. Les
intérêts matériels sont la partie basse de
l'homme, en ce qu'ils sont communs à l'homme
et à la bête, à laquelle l'homme ressemble par
son corps. Au contraire, les intérêts intellectuels et moraux sont le haut de nous, étant
communs à l'homme et à Dieu, à qui l'homme a
l'honneur de ressembler par son âme.

Il résultera donc tout nécessairement de ce
défaut particulier d'équilibre un accroissement
du côté de nous qui est brute, une déchéance
du côté de nous qui est esprit et qui tend à
monter vers Dieu.

Je n'ai même pas à me demander vers lequel
de ces pôles notre société actuelle incline. Il me
suffit d'exprimer cette vérité indiscutable, que
tous les progrès doivent marcher du même pas
dans un État bien constitué. Si néanmoins il
fallait absolument établir une hiérarchie entre
ces diverses sortes de progrès, personne ne me
contesterait, à voix haute du moins, que ceux
de l'ordre économique ou matériel devraient
être rangés en dernière ligne.

Sitôt en effet — et l'histoire est là pour en
prodiguer les éclatants, les innombrables témoignages — sitôt que l'équilibre rompu donne gain
de cause au fléau de la balance où s'accumule
sans compensation le progrès matériel, il est
fatal que le droit de la force se substitue à la force
du droit, et que la société dès lors se précipite
violemment vers l'esclavage. La loi de pesan-
teur de Newton n'est pas plus certaine que
celle-là. Alors la politique, qui ne tient plus
debout, chancelle à droite, titube à gauche,

oscillant sans trêve ni repos de l'autocratie à l'anarchie, de la tyrannie d'un seul à la tyrannie de tous, et l'autorité se meurt, et la liberté est morte.

Je laisse au lecteur le soin d'appliquer l'évidence de ces propositions à telle époque qu'il voudra choisir dans nos annales contemporaines.

Le gouvernement n'a ou ne devrait avoir qu'une mission au sein de nos sociétés civilisées : la mission d'intervenir à l'heure voulue entre l'intérêt public et les intérêts privés, quand une dissidence se déclare. Il appartient en effet à l'État, sous sa responsabilité devant l'histoire et devant Dieu, d'établir partout l'ordre, de favoriser partout le bien-être par la juste répartition des droits et des devoirs. L'État est ainsi, par sa fidélité à remplir sa mission, l'artisan de sa propre fortune et de sa propre gloire, comme il est, par son incapacité, ses faiblesses ou ses prévarications, la cause de sa propre ruine et de toutes les calamités qui en peuvent naître.

Deux poids principaux dans cette balance que le pouvoir politique doit tenir en sa main, afin de répartir entre tous justement les droits et les devoirs, sont la famille et la propriété, toutes deux menacées aujourd'hui par le même ennemi. J'ai déjà prouvé à M. Dumas, dans le chapitre de la Morale, qu'il faisait, en dépit de lui-même, le jeu des partisans de la Commune. Ces deux puissances, en effet, la famille et la propriété, sont étroitement liées l'une à l'autre et tendent à la même perpétuité, que les mêmes ennemis combattent.

La famille perpétue l'être social : c'est par le fils qui doit prolonger et continuer sa propre vie, que le père apprend à sacrifier l'intérêt du présent aux exigences de l'avenir et à placer les avantages si tentants de l'heure actuelle au-dessous du bien même de la société, plus éloigné, moins naturellement cher à l'égoïsme, mais qui sera un fonds commun très précieux et une ressource future pour l'enfant devenu homme à son tour, pour toute la postérité.

La propriété, d'autre part, conserve et perpétue le fruit du travail. Si ce droit, que tant de convoitises battent en brèche, n'était pas inviolablement protégé par les sociétés humaines, qui donc voudrait sérieusement s'efforcer ? que deviendraient l'agriculture, le commerce, l'industrie ? et même l'art, et même la science, et même la poésie, qui a fondé de nos jours de si larges patrimoines ? A quoi se retiendraient alors les sociétés où le désintéressement est regardé comme une plaisanterie ? Si mon travail est utile à la société, pratique comme elle l'est, qu'elle m'en paye le salaire (et ici le mot *salaire* n'est pas hors de son lieu, comme chez M. Dumas, quand il l'emploie en parlant des relations de père à fils). Si, tout en me payant, la société, désertant sa tutelle, cesse de veiller sur mon bien et de m'en garantir la durable possession, à quoi bon travailler plus qu'il ne faut pour la satisfaction de mon besoin journalier? Aurai-je souci de fonder une fortune dont je ne profiterai point et qui ne sera pas à mes enfants? Non : un des grands muscles de l'activité humaine tombe paralysé, le progrès s'arrête, la vie sociale se disloque, nous entrons en pleine barbarie.

Progrès de la raison, des mœurs, de la richesse matérielle et du travail; garantie des lois qui protègent la famille et la propriété, donnée par l'État sous l'inspiration supérieure que traduit la religion : telle est donc la politique, non pas celle de Machiavel ni de Hobbes, mais celle de Platon, qui la définissait : « un moyen de rendre les hommes plus heureux en les rendant plus modérées et plus sages. » C'est celle-là qui ne veut pas du divorce, parce qu'elle veut la propriété et la famille.

J'ai cru devoir rappeler ces principes, qui sont en accord complet avec ceux de nos codes, quoiqu'ils s'éloignent si énergiquement de la manière de voir des législateurs divorcistes et de leurs partisans, à l'exception de M. Dumas, qui ne s'est pas encore attaqué au *crime* de la propriété et qui croit défendre la famille avec la propre lance dont il la transperce de part en part. Personne ne s'inscrira en faux contre ces principes, qui mènent encore notre monde au moins pour quelques jours. Il était nécessaire de les poser ici, pour élucider et resserrer la série de nos arguments politiques.

Il est tout d'abord remarquable que jamais les plus passionnés zélateurs du divorce n'ont osé le présenter comme étant « un bien ». Seul, M. de Girardin a eu la franchise de proposer la suppression du mariage, à remplacer par l'union libre, c'est-à-dire par rien. Les autres, même aux plus mauvaises époques[1], n'ont apporté

1. Voir les débats révolutionnaires de 1792 et même

leur divorce que comme un mal moindre, destiné à écarter un autre mal qu'ils prétendaient être intolérable. Nous avons déjà répondu amplement à cette assertion, que nulle preuve sérieuse ne soutenait.

Politiquement (en prenant ce mot selon les définitions qui précèdent), le divorce vient reprendre à l'État tous les avantages que le mariage lui avait apportés. Le mariage avait uni non seulement des époux, mais encore des familles, toujours deux au bas mot, souvent un nombre beaucoup plus grand ; et il est, je pense, superflu de faire ressortir l'intérêt que l'État peut avoir à favoriser l'union entre les citoyens. Le divorce vient diviser profondément toutes les familles que le mariage avait rapprochées, et la plupart du temps toutes leurs parentés. On a vu tel divorce séparer toute une ville

les discours prononcés à la Convention. — Voir les débats de 1831 et de 1848.

en deux camps ennemis, et ces haines ne sont point de qualité modérée.

Le mariage crée une famille, il additionne les fortunes, il produit une fortune nouvelle : toutes choses qui importent à l'État. Le divorce, qui met la discorde entre les familles, sépare aussi les fortunes : ce qui nuit doublement à l'État.

Si le divorce produisait un bien politique quelconque, l'État serait d'autant plus fort, que les divorces se multiplieraient davantage : or vous avez lu dans notre introduction historique les cris de détresse poussés par qui ? par la Convention nationale elle-même, épouvantée en faisant le compte des divorces qui envahissaient la France. Ce n'était certes point chez les députés de ce temps-là excès de pudeur ; mais il y a un calcul souverainement simple et tout politique : un homme et une femme qui ont divorcé chacun deux ou trois fois, ont divisé certainement huit ou dix familles, sans en avoir fondé peut-être une seule qui mérite ce nom !

Je ferai observer en passant que le divorce,
pour une multitude de raisons, a toujours été
et sera le privilège des riches. Jamais vous ne
ferez qu'il en soit autrement. Voyez l'Allemagne, où le divorce est un *phénomène inconnu*
dans la classe laborieuse ! Quel intérêt la République peut-elle donc bien avoir à favoriser
ainsi le vice qui a des rentes ? Est-ce une machine infernale pour empoisonner les « hautes
classes » ? Messieurs les républicains se van-
tent d'avoir détruit beaucoup de privilèges :
pourquoi implanter celui-ci, qui est le plus nuisible de tous ? Les autres avaient, plusieurs d'entre eux du moins, quelque bon côté ; celui-ci
ne peut que mal faire.

Et que signifient les déclamations de vos
écrivains sur les scandaleuses facilités que les
riches ont de satisfaire leurs passions, si vous
venez leur apporter des facilités nouvelles ? La
« corruption des grands », que vous accommodez
à toutes les sauces pour satisfaire et pour

échauffer la haine des petits, ne vous semblait donc pas encore suffisamment florissante ?

C'est à tout le moins une contradiction, et cette caresse que vous faites à la bourgeoisie libidineuse, peut sembler médiocrement démocratique. M. Dumas, au moins, en sucrant sa boite de dragées antimatrimoniales, sert des amis et sa clientèle.

Cela rentre bien, d'ailleurs, dans l'idée de d'Alembert, qui a dit: «Si les peuples ont autorisé quelquefois le divorce, ils n'en ont pas plus estimé les divorcés. »

Dans les débats de 1832, Odilon Barrot apportait le divorce aux Chambres « comme un complément nécessaire de la révolution de Juillet. » Se représente-t-on la politique venant dissoudre la famille au lieu d'en resserrer le lien? Cette bourgeoise révolution plaidait pour les commodités bourgeoises, dans lesquelles le peuple n'a rien à voir. Il y avait alors comme aujourd'hui, où le peuple n'est pas traité beaucoup mieux, une politique qui voulait le divorce et une politique qui le réprouvait, ce qui est tout simple, puisqu'il y a une politique qui ruine les États et une autre qui les fait vivre. La loi du divorce fut noyée dans l'urne, au scrutin, et quelqu'un dit à la tribune : « Les passions politiques et les passions domestiques sont toujours des passions : les dompter, c'est tout sauver; leur lâcher la bride, c'est tout perdre. »

Odilon Barrot lui-même, le plus ardent champion de la loi, reconnaissait que « l'indissolubilité de l'union conjugale peut, dans l'ordre purement civil, être réclamée comme *garantie de la pureté du mariage, de sa durée et des heureux effets* que la société a le droit d'en attendre *pour le bonheur, la sécurité et la force de l'État...*» Certes, on n'en pouvait demander plus à ce fougueux avocat, et c'est à peine si on eût exigé davantage de M. de Bonald lui-même ou de l'un des deux Portalis.

Que lui restait-il à faire? Fallait-il se demander, après un pareil aveu, si «l'indissolubilité est *nécessaire* pour que le mariage produise tous les effets que la société a le droit d'en attendre»? et n'est-ce pas, en vraie logique, une question tout autre qu'il fallait, qu'il faut faire? Du moment qu'il est reconnu par Odilon Barrot en personne que « le divorce par lui-même ne peut être un bien, que c'est seulement le remède d'un mal », il s'agit de prouver, non que l'indissolubilité est indispensable au mariage, mais que le divorce est nécessaire à la société. Ce fut le second Portalis qui fit cette réponse pleine de loyauté, de force et de sens, à une tremblante question où n'abondait point la franchise.

La loi du divorce est réclamée par vous pour quelques cas particuliers seulement, vous le répétez sur tous les tons : des cas extrêmes. Réfléchissez-vous, cependant, que vous accordez à vos patients beaucoup plus qu'ils ne de-

mandent? des choses qui ne peuvent leur servir à rien et qui portent dommage inévitablement
à quantité d'autres? Vous ne pouvez pas légi-
férer uniquement pour vos messieurs et vos
dames; la loi est pour tout le monde : en beur-
rant de votre onguent quelques plaies particulières, vous empoisonnez l'institution même, et
pour étayer la caducité d'une cloison qui branle,
vous démolissez la maison !

Et notez que votre vulnéraire, si funeste à la
majorité des époux qui, ne sont point blessés, ne
guérira pas même les quelques infirmes que
leur infortune aura poussés dans votre hôpital
du divorce : on ne guérit jamais aux Incurables.
Les plus clairvoyants parmi vous ne sont pas
sans avoir deviné cela; et, s'ils ne s'arrêtent
point devant la conscience qu'ils ont de leur
impuissance totale, c'est que ce sont des gens
très résolus, qui se sont imposé, non point la
mission de sauver, mais l'obligation de détruire.
Le salut des éclopés du ménage n'est pour

eux qu'un accident, moins que cela, un prétexte. Quand on plante la pioche à la base d'une
colonne principale de l'ordre public, il faut
bien en donner une raison quelconque, sans
quoi les passants vous mettraient la main au
collet. Nos démolisseurs n'ont pas beaucoup le
choix en fait de raisons et se servent de ce qui
leur tombe sous la main.

Mais au fond, ils savent tout aussi bien que
nous qu'ils ne guérissent personne. On a beau
opérer les tumeurs cancéreuses, elles reviennent toujours. Le divorce est une opération purement chirurgicale qui tranchera la tumeur sans
anéantir le cancer, ni modifier le tempérament cancéreux. Les divorcés emporteront avec
eux hors de la maison commune leur maladie
constitutive, leur caractère, leur instinct, leur
passion, le vice qui est dans leur sang. Ce vice
les travaillera dans le second logis comme dans
le premier et même mieux, puisqu'ils sauront
que ce vice est une clé légale à l'aide de laquelle

43

on se rit des barrières. La cause morbide qui a
amené le premier divorce subsistera dans les
secondes noces et y produira sûrement les mêmes effets.

C'est pour arriver à ces résultats dérisoirement
négatifs que nos apprentis législateurs auront
troublé le bonheur de tant de familles honnêtes,
lesquelles jouissaient en paix de leur bonheur.
Je ne reproche pas aux auteurs de la loi d'avoir
secoué les fondements de l'édifice social, puisque c'est là leur vocation même ; mais je les
prends à partie au sujet du démenti qu'ils donnent à leur foi politique et à leur prétendu respect des majorités. Eh quoi ! pour *quelques* cas
malheureux, comme ils l'avouent eux-mêmes,
les voilà qui enfièvrent des multitudes innombrables de familles tranquilles ! J'ai prouvé en
effet clairement, dans le chapitre du droit naturel, que l'idée de divorce introduite dans le
calme d'un bon ménage y faisait l'effet d'une
goutte d'acide acétique dans du lait.

En vérité, ces messieurs du divorce porteront sur leurs épaules une charge de responsabilité lourde comme un monde. Il n'est besoin d'apprendre à personne à quel point ce qu'on appelle ici bas le bonheur est chose délicate et fugitive, surtout cette félicité la plus grande de toutes, mais aussi la plus aisée à troubler, qui est la paix du ménage. Pour médicamenter une petite minorité d'incurables à qui leur drogue ne peut rien, nos puissants médecins parlementaires auront donc intoxiqué très virtuellement une immense majorité d'unions en pleine santé. J'ai dû signaler ce nouveau mode d'application du suffrage universel.

Je ne puis cependant me défendre de faire remarquer ici qu'en montrant au doigt les gens de pioche et de pic qui minent de parti pris les fondations de la société, ma volonté n'était point de confondre avec eux M. Alex. Dumas, caractère doux et délicieux esprit qui ne veut point de mal à la politique de conser-

vation, et qui tout bonnement a fini par croire
à ses dramatiques utopies. Ses scénarios sont
restés dans sa tête très bien organisés et il les a
développés en systèmes philosophiques. Tant
de braves gens préfèrent le théâtre à la paroisse
que cette qualité particulière d'hérésie me
parait dangereuse entre toutes, et je combats
M. Dumas à cause de cela, mais non point pour
ses intentions que je persiste à croire excel-
lentes. Seulement l'introduction de la morale
scénique dans nos codes, surtout la morale
de M. Dumas, ne m'apparait pas comme une
affaire d'or, et je me permets de le dire.

A l'article du Droit naturel encore, j'ai signalé l'inquiétude originelle qui travaillera
fatalement les mariages contractés avec la menace sous-entendue d'un divorce possible. Il
ne faut point faire fi de cette remarque ni
lui appliquer la gratification dédaigneuse de
« simple détail, » car elle nait au contraire du
fond même de la question politique. Rien n'im-

porte en effet autant à l'Etat que la tranquillité
intérieure des familles qui est un élément principal de paix et une source de santé pour l'Etat.
Pour que la patrie soit forte, il faut que le tempérament de la famille reste solide, et quand
j'ai montré, en parlant du droit naturel, ces
frayeurs nouvelles du père et de la mère
cherchant en vain dans leurs cœurs la joie
sans mélange, la robuste quiétude, le joyeux
et communicatif espoir qui ensoleillait autrefois
le beau jour où deux enfants mariés fondaient
un bonheur qui n'avait point de terme possible,
sinon la mort, je voyais le divorce qui rampait
comme un serpent parmi tant de fleurs, et cette
apparition de sinistre augure, flétrissant la famille à sa racine même, menaçait pour moi la
patrie bien plus que la maison.

On me dira que ce sont là des arguments de
sentiment et que le législateur ne peut penser
ni en romancier ni en poète ; je l'entends bien
ainsi. Mais alors qu'il pense en homme digne

de ce nom et qu'il aborde la nature humaine
par ses hauteurs au lieu d'en fréquenter systématiquement les bas fonds. Qu'il n'oublie pas,
sous couleur de venir en aide à des défaillances particulières, l'intérêt supérieur de la
société qu'il est censé représenter. J'aimerais
mieux qu'il fût romancier ou poète et même
auteur dramatique, à la condition pour lui
d'agir sagement et dignement. La profession
importe peu et les plus mauvaises lois sont fa-
briquées par les avocats.

Le devoir du législateur est de regarder at-
tentivement le mariage, de reconnaître en lui la
première des institutions humaines au lieu d'y
voir seulement une sorte de mécanique, inven-
tée pour servir au bien-être de deux créatures
humaines, un homme et une femme. Pour
n'être pas un poète faut-il monter forcément et
tout d'un coup jusqu'au rang d'épicier? Le législateur n'a point tort quand il ouvre de temps
en temps son histoire universelle, cela fait pas-

ser une heure qui n'est point perdue. Je ne con-
sidérerais même pas comme tout à fait superflu
que le législateur connût çà et là quelques ar-
ticles du droit de nature, qu'il eût étudié un
brin de philosophie et qu'il ne fût pas radicalement ignare au sujet de la religion.

Quelques romanciers et quelques poëtes (pas
beaucoup) rempliraient assez bien ces conditions. Je ne demande pas qu'on en fasse des
législateurs, mais je demande aux législateurs
de se renseigner sur le mariage au point de
vue historique, moral et politique, afin de ne
le point traiter comme la cinquième roue d'un
carrosse qu'on peut jeter dans un coin de la re-
mise sans péril et l'y laisser.

La société ne saurait vivre sans le mariage;
le devoir étroit du législateur, son devoir vraiment politique, est de faire produire au mariage
tous ses fortifiants effets, de manière à assurer,
à augmenter aussi la paix et la prospérité de la
patrie.

Certes, on ne défend point au législateur de
s'occuper du mariage au point de vue de la situation plus ou moins commode et confortable
que les époux peuvent y rencontrer ; cela n'est
pas indifférent, puisque cela peut aider le mariage à atteindre sa fin politique qui est l'affer-
missement de la santé de l'Etat ; mais le législateur s'égare positivement quand il descend
des hauteurs où vivent les généralités pour
chercher la petite bête, pour élargir avec une
bonne volonté pleine de maladresse les entournures de quelques époux, harnachés trop à
l'étroit, au risque de lacérer le vêtement bon et
bien mesuré de tous les autres époux. C'est
alors que le législateur devient un romancier
de la plus piètre espèce. Politiquement, il
ébranle l'Etat au lieu de le soutenir ; moralement il arrache l'antique manteau qui couvrait
les épaules de la famille et la laisse grelottante
sous un haillon.

Et que le législateur qui s'est ainsi gros-

sièrement trompé ne nous serve pas comme
excuse son vieux refrain, argument perclus :
les inconvénients, les abus, les excès. La loi
n'a-t-elle plus de moyens de punir ce qui est
punissable ? Combattez les inconvénients, ré-
primez les abus, châtiez les excès.

Chaque chose humaine a son méchant côté,
même les grandes choses, et je dirais presque :
surtout les grandes choses. En voici une par
exemple : l'autorité du père sur ses enfants.
Elle donne lieu parfois à des abus très criants
et atteint à des excès déplorables. Allez-vous
abolir la puissance paternelle parce qu'il y a
des pères coupables, un sur mille, comme
vous avez poignardé le mariage parce qu'il y
a des maris dissolus et des femmes coquines ?
Au fond, vous en seriez peut-être capables, si
vous l'osiez.

Mais je vous répéterai ma question : Les
autres ? Que vous ont-ils fait ? Les bons et les
bonnes qui sont en nombre immensément su-

13.

périeur? Pourquoi fustigez-vous sur le dos du
mariage, c'est-à-dire sur leur dos, le crime des
mauvais et des mauvaises ?

Ceci nous amène au sophisme politique de la
liberté individuelle. C'est l'enfant chéri de la
révolution et le préféré parmi les « principes de
89 ». M. Naquet ne cherche pas d'autre étai
pour sa loi, il l'appuie sur la liberté individuelle
et tout est dit.

M. Naquet n'est pas ici un inventeur, car cet
argument fit une grande partie des frais de la
discussion sous Louis-Philippe, et Portalis fils
(1832) lui opposait déjà cette réponse vraiment
politique : « De nos jours, on perd trop de vue
les intérêts sociaux et publics, on est trop facilement disposé à tout sacrifier aux considéra-
tions individuelles. On ne s'aperçoit pas assez
que l'excès des garanties dont on veut entourer
l'individu tourne contre lui-même ; on com-
promet ses propres intérêts en les mettant en
opposition ou en les considérant abstraction

faite de ceux de la société, et en cherchant à l'affranchir des conditions *naturelles* qui sont les conditions nécessaire de la vie sociale. »

Ne dirait-on pas que ces lignes ont été écrites exprès pour notre cas ? Portalis ajoute :

« L'individu a besoin avant tout que la société soit bien organisée et que les pouvoirs publics soient bien constitués pour jouir à leur abri de la plénitude de ses droits civils et politiques, excercer librement son industrie et vivre en toute sécurité. Malheur à lui si les racines de cet arbre dont les rameaux protègent l'ordre social venaient à se dessécher, car bientôt tariraient les sources de la prospérité publique et privée.

«.... On ne parait pas s'apercevoir de l'influence de cette question (du divorce) sur la constitution générale de la famille, sur l'autorité du mari, sur la puissance du père : qui prend sa source dans la génération même et dans la tendresse paternelle, sentiment parti-

culier à l'homme et qui est la première, la plus
pure, la plus incontestable origine de tout pouvoir humain.

« .... Le divorce, en donnant aux époux les
mêmes droits à la résolution d'un engagement
contracté entre deux parties que la nature a
formées inégales, désordonne la famille, énerve
l'autorité et ébranle l'obéissance.... »

Mais ces messieurs se soucient médiocrement de la famille, dédaignent l'autorité, haïs-
sent l'obéissance. Portalis ajoute encore :

« Cependant, lorsqu'un peuple est parvenu à
un haut degré de civilisation, la multiplication
des rapports, la promiscuité des intérêts, un
concert universel de toutes les passions tendent
sans cesse à faire disparaître la puissance domestique du livre des lois, et c'est alors surtout
qu'il est urgent de l'y maintenir, car les lois
s'affaiblissent de sa faiblesse et se fortifient de
sa force... Serait-il donc juste de sacrifier tant
et de si grands intérêts pour procurer à un

petit nombre d'individus divorcés les *douceurs* d'un second mariage ? »

Non, assurément, cela ne serait pas juste, d'autant que les « douceurs » de ce second ménage sont éminemment problématiques. Ce qui n'est pas un problème, c'est le coup moral porté à la famille et, par ricochet, le terrible coup politique porté à l'Etat. Toutes les vertus politiques, nous l'avons établi en traitant du droit naturel, sont en germe dans le berceau et s'en échappent comme un rayonnement : aussi bien les vertus politiques qui seront à l'enfant que celles qui appartiennent au père ; mais pour cela il faut que le berceau soit le cœur bien attaché d'une famille stable et non point le cœur volant d'une maison bohème où peut-être il n'y aura plus personne demain. La possibilité du divorce a déjà établi ici une hésitation, introduit un élément de faiblesse ; mais le divorce accompli mettra dans les âmes qui composaient cette ex-famille, surtout dans l'âme de l'enfant, tous les sentiments opposés à la vertu politique, faite d'amour, de dévouement, d'obéissance.

La piété filiale, mère du patriotisme, s'enfuit la première pour ne jamais revenir. L'enfant cessera de toute nécessité, selon les circonstances, d'aimer, de respecter ou son père ou sa mère, ou peut-être son père et sa mère. L'un des deux l'abandonnera, sauf la visite officielle et pénible qui se fait périodiquement à la pension ou au lieu d'asile. Entre toutes les choses tristes que les peintres de mœurs ont décrites, aucune n'est navrante comme les suites d'un divorce par rapport à l'enfant.

M. Dumas parle de ce terrible malheur d'une façon assez légère, l'enfant ne l'intéresse pas, l'enfant l'aura peut-être gêné en sa vie. Il a l'air de dire et dit en effet du bout des lèvres que l'enfant sera *plus heureux* peut-être après qu'avant : mieux nourri, mieux logé, mieux vêtu, et que, dans certains cas, il n'assistera plus à des scènes dégradantes.

Mais la demi-gaieté de M. Dumas sonnait à mon esprit, pendant que je le lisais, plus dolemment que la tristesse des autres. Pauvre être ! Pauvre enfant ! mieux vêtu ! mieux logé ! mieux nourri ! Et dormant plus paisible ! N'y a-t-il pas aussi la nourriture de l'âme ? Et quelqu'un s'est-il penché sur son sommeil à l'heure où il fermait ses yeux fatigués de pleurer !

M. Dumas, calomniant les enfants, dit qu'ils n'aiment pas. Il se trompe, je le lui affirme sur ma parole. Et j'ajoute ceci qui est un axiome : Ceux qui n'ont pas aimé étant enfants sont devenus de méchants hommes.

Je n'appuierai pas ici sur le deuil de l'enfant du divorce. C'est une chose écœurante. Ce deuil est pour moi plus noir que celui qu'on porte après la mort. Nous en sommes à la politique et aux sentiments sociaux que l'enfant perd nécessairement dans ce naufrage de la famille qu'on appelle un divorce.

Gardera-t-il le respect ? Pour qui ? pour celui

ou celle qui s'en va ? Pour celle ou celui qui reste, malgré les demi-mots des domestiques et le bavardage des voisins ? La mère est toujours aimée, comment respecter le père qui l'a poussée hors du logis ? Et puis, le père ne pleurait pas, mais la mère avait ses larmes ! N'y a-t-il point une source inépuisable de révoltes dans ce malheur si laid que l'estime n'entoure point ?

Et l'étrangère qui usurpe légalement la place de celle qui était si bien aimée ? On a écrit des livres tout entiers sur la haine de l'enfant contre cette femme qu'on nomme une marâtre et qui du moins ne remplace qu'une morte. Ah ! l'enfant peut aimer puisqu'il peut haïr ainsi ! Ne croyez pas ceux qui vous disent que l'enfant est mauvais. Jésus-Dieu a dit, au contraire, que l'homme, pour aller au ciel, devait se faire semblable à l'enfant et Jésus est la Vérité. Si l'enfant sait haïr, c'est qu'il a aimé ; et quelle sera sa haine pour cette marâtre qui a volé le lit de la mère vivante ?

Je n'aurais pas confiance au cœur de l'enfant qui accepterait trop vite les caresses de l'inconnue ou qui ne regretterait pas le père absent, malgré les plaintes de celle qui reste, mais quoi qu'il arrive je ne connais qu'un mot pour caractériser le sort des orphelins du divorce : triste, triste, triste !

Mille fois plus triste que la destinée des orphelins de la mort !

Triste au foyer, triste hors de la maison et sans consolation possible. Qu'ont-ils à dire aux frères, aux sœurs qu'on leur apporte, qui ne sont ni leurs frères, ni leurs sœurs ? et quand viendra à s'emplir cet autre berceau qui contiendra tout l'amour de la maison, qu'auront-ils à faire ?

Et leurs intérêts matériels, qui les mènera plus tard ? et qui les soutiendra dans ces bagarres de procédures soulevées par les divisions d'héritages et les mélanges de fortunes ? Le malheur de ceux-là, c'est mon avis, et je l'ex-

prime, par sa qualité à la fois poignante et irri-
tante, n'est comparable à aucun autre malheur.
Aussi, comme les enfants naturels, ceux-là, au
point de vue politique sont des révoltés de naissance et d'incurables mécontents, qui portent
en eux-mêmes tout au fond de leur cœur l'ai-
guillon d'une éternelle colère.

Mais à bien réfléchir, la paisible politique de
Platon a cruellement passé de mode et peut-être
ces cœurs hérissés de pointes aiguës sont-ils
ceux que nos législatsurs d'aujourd'hui ont intérêt à produire pour recruter la nouvelle société
qui va naître, composée de porcs-épics humains,
armés pour rouler à travers plaies et bosses. S'il
en est ainsi, tout va au mieux et aucun autre
atelier, plus que le divorce, n'était propre à
fabriquer cette race bardée d'épines.

Nous avons montré dans notre introduction
historique les scandales politiques causés par

le divorce à la fin de la république romaine, qui en mourut, et au début de l'empire des Césars.

Il y eut un grand cri poussé par la littérature et la philosophie du temps, quoique le temps fût fait à la corruption et qu'il en vécût avant d'exhaler dans l'orgie des décrépitudes païennes le dernier râle de son souffle épuisé. Il faut bien avouer pourtant que ce siècle de splendeur matérielle et de décadence morale était fort loin d'être aussi *pratique* que le nôtre où l'esprit protestant, l'esprit anglais surtout, ramenant toutes choses à une question de réussite personnelle et commerciale, a gonflé dans tous les pays de la terre, le niveau envahissant des égoïsmes. Nous irons plus loin dans le divorce que les Romains de Juvénal, nous, Français, qui nous faisons gloire de nos progrès dans l'égoïsme anglais sans essayer d'emprunter aussi à nos voisins leur sang-froid et leur modération relative. Nous nous jetterons à corps perdu, sans souci d'aucune décence ni d'aucune mesure dans la voie ouverte par la loi du divorce aux spéculations de l'ambition et de la cupidité.

. Et nous n'aurons pas chez nous le vieux Caton radotant l'éloquence de son anathème et adjurant ses contemporains d'anéantir Carthage, ce réservoir d'implacables trafics, cette source d'industries puniques versant incessamment sur le monde les putréfactions de la convoitise avec les philosophies, les escrimes et les rubriques du *moi* qui élargit à tout prix sa propre place dans la vie et broye de parti pris le prochain à droite et à gauche pour marcher plus commodément.

On dit souvent que nul homme, même parmi les plus mécontents de leur sort et les plus bassement jaloux du sort d'autrui, ne voudrait, au fait et au prendre, troquer son lot dans l'existence contre celui d'autrui : ceci est le résultat de l'amour propre et un témoignage de la bonté infinie de Dieu, mais on doit ajouter que nul homme, questionné à l'improviste par les an-

ciens génies des contes de ma mère l'oie; ne
serait embarrassé pour emplir un panier de ses
souhaits. Aucun de nous n'est satisfait de sa
pitance, tous voudraient manger davantage et
mieux, et ceux qui ne pourraient absorber plus
de viande réclament un meilleur estomac. Ce
ne sera pas seulement la passion charnelle qui
poussera au divorce, ni l'ennui, ni le malheur;
ce sera aussi le commerce et les calculs de la
diplomatie bourgeoise. Cela s'est fait, cela se
fera, chez nous plus que partout ailleurs, parce
que nous manquons de modération et de mesure.

On se marie beaucoup chez nous par intérêt,
pour des rentes, pour des places, pour des
honneurs, pour toute autre chose enfin que
pour le mariage lui-même, et, chose remarquable,
il y a une mystérieuse justice qui trompe très
souvent ces calculs. Les époux dont l'un a trop
promis à l'autre avant le contrat ou qui se sont
infligés de mutuelles déceptions sont excessivement nombreux et personne ne l'ignore.

Ceci n'est pas un très gros argument, mais il a sa valeur. Le mariage indissoluble immobilisait l'industrie de ces forbans de l'hyménée. Où ils s'étaient liés il fallait qu'ils restassent, ce qui était assurément pour le restant du monde un avantage et une sécurité. Mais voilà le divorce qui brise leur chaine et les lâche de nouveau sur la société menacée : L'homme et la femme ayant fait tous deux leurs preuves de piraterie vont reprendre la mer et recommencer leurs courses : gare aux familles dont chacune est une pelletée de terre dans la montagne de l'Etat.

Il ne fallait point négliger ce petit résultat politique en un moment ou le branlebas commencé et poursuivi dans toutes les administration rend vacantes pour Monsieur et même pour Madame tant de bonnes places auxquelles un second mariage pratiquement cimenté peut donner accès. Pompée avait convolé cinq fois

pratiquement, et il est le héros d'un poème
épique!

Portalis fils, moins élevé que Bonald, mais
qui tient une si large place dans la question du
divorce à cause de sa modération, aussi excel-
lente que sa vigueur est infatigable, appuie sur
ces dangers de la loi ennemie de la famille et
la montre tendant ses bras ouverts à toutes les
spéculations malsaines, à toutes les convoitises
immorales. M. Dumas a dit quelque part que
le rétablissement du divorce fournirait par
milliers les « *situations* et les sujets de comédie. » Je suis trop ami de la justice pour
contester cette affirmation d'un homme si
compétent, mais je ne pense pas que le législateur, en élaborant des lois qui touchent si
profondément la société et posent pour elle des
questions de vie et de mort, ait à s'occuper
des intérêts particuliers de la fabrication
dramatique. Il importe sans doute à l'Etat
que M. Dumas et ses spirituels confrères

trouvent en abondance dans nos mœurs répu-
blicaines des aventures assez piquantes pour
devenir sujets de vaudevilles ; mais cet avantage me paraitrait coté à un taux usuraire s'il le
fallait payer au prix de toutes les lâchetés, de
toutes les injustices et de tous les malheurs,
tant privés que publics dont la loi Naquet sera
nécessairement l'origine.

Portalis, au point de vue des mœurs privées
qui influencent la politique, parle aussi du
progrès que fait chez nous le célibat volontaire
et qu'il appelle *philosophique*. Le divorce,
évidemment contraire à l'affection conjugale
et au bonheur durable des époux, favorise
selon lui cette « vie de garçon » si fort appréciée
dans la bourgeoisie élégante, qui est un danger
redoutable pour les mœurs publiques et privées.
On rencontre encore, dans la Prusse rhénane
et en Bohême, le long de l'Elbe, quantité de
châteaux demi-ruinés, perchés au sommet des
pics et que les balladiers allemands prennent

volontiers à témoin des « horreurs » du régime
féodal. Méfiez-vous des faiseurs de ballades,
même quand ils sont historiens et qu'ils placent
notre roi malade Charles IX avec son arque-
buse, braquée sur les victimes de la Saint-Bar-
thelmy au balcon du Louvre qui n'existait pas
de son temps.

Toujours est-il que nos balladiers prussiens
mettent une patience d'ange à raconter l'histoire monotone de ces donjons qui dominent
l'Elbe et le Rhin. Ce sont, disent-ils, d'anciens
nids d'oiseaux de proie. Derrière les murailles
maintenant démantelées de ces tours, des « sei-
gneurs » qui étaient en même temps des bandits
se tenaient en embuscade attendant les voyageurs pour les mettre à rançon ou les dévaliser.
Sur les bateaux à vapeur qui font le service
entre Mayence et Cologne il y a des employés
en uniforme qui reçoivent un traitement pour
désennuyer les voyageurs en leur ressassant
ces balivernes.

14

Eh bien! la légende de ces forteresses éden-
tées qui ont peut-être protégé la patrie autrefois et à qui la moderne badauderie fait de si
vilaines réputations m'amenait malgré moi,
quand j'admirais leurs pittoresques profils, à la
pensée du don Juan de nos jours, grand seigneur aussi, c'est-à-dire bourgeois, perché dans
sa forteresse bourgeoise qui est le célibat et
cueillant où il le trouve son plaisir impitoyable.

Je ne défends pas l'antique don Juan, bête
féroce de la pire espèce, plus lâche et plus stupide qu'un loup, malgré son esprit et son épée;
mais je le préfère encore à don Juan du boule-
vard qui n'a plus ni épée ni esprit. Celui-là n'est
pas un bandit, c'est un homme d'honneur, fort
à son aise et très bien reçu dans son monde,
qui paye ses contributions, ne fait rien contre
la loi et nuit plus à la cité que toute une bande
de criminels. Il est garçon et il a les moyens
de « s'amuser. » Pour s'amuser, il gâte autour
de soi les familles sans bruit ni scandale et mine

honnêtement la société en amoindrissant le
rendement des naissances légitimes et en sur-
chargeant l'état d'enfants qui viennent on ne
sait d'où, qui sont éduqués on ne sait comme
et qui n'ont ni protection, ni moralité, ni patriotisme.

Il ne peut y avoir aucun calcul statistique à
établir d'après la loi proposée par M. Naquet
puisqu'elle n'a pas encore fonctionné ; nous
prendrons donc dans les débats parlementaires
du gouvernement de juillet les quelques chiffres
qui dénoncent l'influence que peut avoir le
divorce sur l'accroissement ou la diminution
du nombre des mariages. Ces chiffres sont
curieux, je les tire du discours prononcé par
Portalis à la chambre des Pairs.

Dans les dernières années de la royauté, de
1782 à 1789, le nombre des mariages à Paris,
côtoyait annuellement 5,000. Après 89 et avant

le divorce, ce nombre tombe à 4,500 par suite des malheurs de la révolution. Mais toutàcoup, après la loi du divorce, en 1792, le chiffre monte à *sept mille ;* de même l'année sui-vante (93!). Et en 1794, on atteint *neuf mille !*

Le lecteur s'en étonnera peu quand il saura que, de 92 à 96, en quatre ans, il y eut VINGT MILLE DIVORCES, soit une moyenne de cinq mille par an. Le nombre des mariages sérieux avait donc diminué par le fait, malgré cette augmen-tation apparente.

La même statistique constate que sur trente actes de divorce, il y en a *le tiers,* soit dix, dans lesquels il est énoncé que l'un des deux époux ou tous les deux *divorcent pour la seconde fois* [1]. Ce fait est sans contredit caractéristi-que. De 1795 à 1802, le fleuve matrimonial que le divorce avait gonflé jusqu'à le faire déborder rentra dans son lit et le chiffre des unions

1. Opinion du tribun Carion Nisas, sur la loi rela-tive au divorce.

retomba au-dessous de ce qu'il était avant la loi.

Les restrictions insuffisantes apportées par le code Napoléon à la loi de 1792 n'augmentèrent pas notablement le nombre des mariages, à cause de la situation précaire des familles ; il flotta entre 4 et 5,000 de 1802 jusqu'à 1816. Il faut excepter pourtant l'année 1813 qui eut six mille mariages et la cause de cette augmentation doit être mise au compte du redoublement des efforts faits pour échapper au service militaire dont les exigences arrivaient à un véritable excès.

Mais la signification des chiffres s'élucide tout à coup à partir de 1816 où le 8 mai, le divorce fut aboli en France. Sous la Restauration, de 1816 à 1826, le nombre des mariages va toujours augmentant d'une façon normale et continue de cinq mille à sept mille cinq cents. On dit que les chiffres sont éloquents, je livre ceux-ci sans commentaires.

14.

Après la révolution de 1830, la population de Paris s'accrut dans une proportion telle que toute comparaison devient impossible. Nous en avons assez dit d'ailleurs pour prouver que statistiquement, le divorce est loin d'être favorable à l'institution du mariage.

Comparons maintenant, ne fût-ce que par curiosité, le nombre des séparations de corps prononcées depuis l'abolition du divorce au nombre des divorces sous l'empire du code Napoléon. Sous la première loi de 1792, il y avait un divorce sur cinq mariages, soit vingt pour cent.

Sous le code civil (en l'an VIII et l'an IX), dix pour cent :

En l'an XI et en l'an XIII, moins de cinq pour cent.

Et de l'an XIII à 1812, un peu plus de trois pour cent.

Or, veut-on connaître le nombre et la fréquence des séparations de corps après que les

époux dégoûtés du mariage n'eurent plus que
cette seule issue pour en sortir, le divorce étant
supprimé? En voici le compte: de 1816 à 1831,
c'est-à-dire en quinze ans, il n'y eut que 551
séparations prononcées, soit 36 en moyenne
par an, ou à peu près *un demi pour cent* sur
le nombre croissant des mariages.

Certes, les chiffres sont éloquents, et gran-
dement! car lors même, ce qui n'est pas, que
ces séparations de corps, prononcées en si petit
nombre, l'eussent été sans retour, et quand
quelques-unes d'entre elles eussent entraîné à
leur suite tous les malheurs cachés, tous les désordres sous voile, reprochés à la séparation de
corps par les partisans du divorce, qui donc ne
voit du premier coup d'œil combien un régime
qui a sauvegardé, qui a maintenu l'intégrité et
la stabilité de tant de familles, est immensément
supérieur à l'autre régime, au divorce, qui aurait provoqué la promiscuité ou la dispersion,

et en tous cas la dissolution de toutes ces mêmes familles ?

« Croissez et multipliez, » dit la première
voix qui parla à l'homme dès la naissance du
monde. La question du mariage, et par suite
de la multiplication, prend de singulières im-
portances au moment où notre infériorité vis-
à-vis des autres peuples comme reproducteurs
de notre propre espèce est proclamée sur tous
les tons dans la presse et dans les livres. La population est stationnaire chez nous et même
presque en décroissance, cela est quotidienne-
ment constaté ; on dirait qu'un mal mystérieux
a frappé la race française et la progression continue des naissances qui grandit chez nos voisins, semble s'arrêter juste à notre frontière.

Je pense que nos gouvernants ne sont pas
sans s'occuper de cela. En tous cas, il était impossible de ne point aborder pareille question

dans un livre traitant du divorce, et au chapitre de la politique. Laissons donc de côté M.
Dumas et même M. Naquet, qui n'ont point
souci de ces choses, pour jeter autour de nous
un regard non pas effrayé, mais pensif.

Ils passent, nous les voyons passer en trou-
pes formidables ces émigrants allemands qui
sont là-bas, le trop plein de la famille et le superflu de la patrie. D'où viennent-ils ? d'un foyer
trop riche en hommes. Où vont-ils ? Partout.

Et partout où ils vont, ils sont sûrs de trouver des multitudes de frères. La race allemande
emplit le monde. Elle peuple l'Australie, elle
défriche l'Amérique, elle trafique et travaille
au delà des sources du Nil. Elle va plus loin
que les pionniers anglais eux-mêmes ; il n'y a
personne qui aille plus loin qu'elle, sinon le
missionnaire catholique français.

Et ces émigrations hardies n'empêchent point
la race allemande de se répandre avec profu-
sion dans le voisinage de son berceau. La race

allemande est la plus répandue en Europe et
même chez nous, malgré nos guerres si récentes.
On entend parfois un cri d'ennui poussé par nos
journaux qui disent : « Il n'y aura plus place
bientôt en France pour les Français, tant les
Allemands y pullulent ! »

En est-il de même des Français en Allemagne ? Vous savez bien que non ; les Français
ne pullulent nulle part, pas même chez eux,
en Algérie où les colons manquent ! D'où naît
cette énorme et si fâcheuse différence entre les
reproductions de l'espèce chez les deux peuples voisins? Il n'est pas besoin de consulter
les livres pour le savoir : quiconque a voyagé
en Allemagne est fixé sur ce point parce qu'il y
a vu partout un peuple bon et sain de mœurs,
profondément séparé de sa bourgeoisie dissolue.

On prétend que l'Internationale travaille ce
peuple avec un grand zèle et obtient déjà d'ef-
frayants résultats. Quoi qu'il en soit, l'effet
n'est pas encore produit sans doute, car la fa-

mille y reste solidement unie autour du père. Il
y a là force et santé ; ces pauvres gens ont d'o-
pulentes lignées et le misérable vice qui affai-
blit et décime chez nous les familles d'ouvriers
n'a pas encore là-bas place au feu et à la chan-
delle. D'un autre côté, le divorce...

J'entends bien que vous allez m'interrompre
pour me dire : — Mais le divorce régnait là-bas
alors même qu'il était inconnu chez nous. C'est
un pays luthérien, et c'est de fondation un pays
de divorce....

C'est vrai, mais c'est surtout un pays de
famille. La famille y a tué le divorce, au moins
dans la classe populaire, comme ailleurs le
divorce achèvera de tuer la famille, attaquée
déjà par le vice.

Les bourgeois d'Allemagne font usage du
divorce, tout en refusant d'admettre en toute
société honnête une femme divorcée ; mais le
peuple allemand, le peuple paysan, le peuple
ouvrier, le peuple soldat ne connaît pas le di-

vorce, et voilà pourquoi la terre d'Allemagne
produit une moisson d'hommes capables d'en-
vahir le monde !

On est tenté de dire, en vérité, à ceux qui
introduisent le divorce chez nous : « En France,
nous n'avions pas déjà trop de santé politique,
pourquoi nous apporter cette maladie de plus ?
Nous n'étions pas sans embarras en comparant
l'appauvrissement de notre race avec les progrès de la race chez nos voisins : pourquoi jeter
sur notre route un embarras de plus et glisser
dans nos maisons par surcroît une cause nouvelle de faiblesse ?

L'auteur de la loi ne se dissimule pas que
l'opinion publique est contre lui ; il espère tromper l'opinion publique ou être plus fort qu'elle.
Cela ne se pourra que pour un jour. La loi sera
votée en dépit de l'opinion publique que la
Chambre ne représente point, et puis l'opinion
publique tuera la loi après avoir congédié la
chambre : sans avoir le don de prophétie, on

peut prévoir ce très prochain avenir. Les heures troublées durent peu, c'est dans la nature des choses. Quand le calme revient, la conscience commune prend honte de ce qui s'est fait sans elle, et revient vite par son propre attrait au parti de la justice, de la morale, au parti de la famille.

Il y a en effet des principes inviolables parce qu'ils sont la simplicité même de la vérité et qu'ils sont, en outre, au niveau de la raison des peuples. Tout le monde les accepte, grands et petits : ainsi aucune politique ne niera jamais impunément que toute loi doive tendre à faire l'homme meilleur ou tout au moins à lui garder intact le bien qu'il a en lui. Une loi qui réglemente en quelque sorte le mal, et qui par conséquent l'admet, une loi qui manipule le désordre pour en fabriquer de l'ordre et qui drape sur les épaules du vice es plis éclatants de la robe nuptiale, n'est qu'une loi de mascarade et nulle part le carnaval ne vit au delà de quelques semaines.

18

Il faut d'ailleurs traiter les peuples selon que Dieu les a faits. Ce que telle nation supportera pourra être mortel à telle autre. Plus une race est communicative, plus elle est aimable et propre à lier commerce avec les étrangers ; mais plus aussi elle est légère, versatile et sujette à changer d'affections. Nous sommes les Français : la loi, chez nous, sous peine de folie, doit apporter de la gravité dans nos mœurs parce que précisément nous en manquons. Que dire du égis lateur qui nous offre pour étrennes non pas un remède à notre inconstance, mais le moyen de judiciairement l'assouvir ? N'est-ce pas là une gaieté qui va au dela des bornes ?

Plus un gouvernement est libre et fort, je dis cela pour témoigner de l'amitié que je pourrais porter au nôtre et pour clore mon chapitre *Politique*, plus ce gouvernement doit sauvegarder les mœurs contre le relâchement par des barrières solides. Pour quiconque veut la liberté dans le régime social, le premier devoir est de fortifier d'autant le régime domestique, parce que la liberté ne se fonde pas sur la violation, mais sur la conservation des droits naturels.

Et parce que, j'en suis bien fâché pour la politique de ces messieurs du divorce, la force de l'Etat dépend et dépendra toujours de la force de la famille.

Voici quelques lignes de M. de Bonald que mes puissants contradicteurs ne connaissent peut-être pas, et qu'ils liront, j'en suis sûr, avec plaisir :

« L'analogie de nos idées sociales, dit-il en ce bon style que M. Dumas n'aime point, est telle que les pensées, les sentiments, les habitudes qui défendent et conservent l'indissolubilité du lien politique se tiennent.

« Toutes les doctrines qui ont affaibli l'une ont attenté à l'autre, et partout où l'un est dissous l'autre est bientôt rompu.

« La démocratie politique qui ordonne au

peuple, partie faible de la société, de s'élever contre le pouvoir, est la compagne nécessaire du divorce, véritable démocratie domestique qui permet à la partie faible de la famille de s'élever contre l'autorité maritale et d'affaiblir l'autorité paternelle. Aussi, pour retirer l'Etat des mains du peuple, comme dit Montesquieu, il faut commencer par retirer la famille des mains des femmes et des enfants. »

Ce sont là de viriles pensées qui expliquent admirablement pourquoi la loi du divorce a été présentée de nos jours.

I V

LE DROIT POSITIF

_____

Le mot loi a la même étymologie que le mot religion. La loi *lie*, c'est-à-dire enchaine ; la religion *relie*, c'est-à-dire assemble, unit. Le mot Église veut dire aussi assemblée. Selon les jurisconsultes les plus éminents, la loi est une règle, établie par l'autorité à laquelle on est tenu d'obéir. Il y aurait assurément à donner des définitions plus hautes, mais nous n'en avons pas besoin à l'article du droit positif.

La loi naturelle dérive de la nature même

de l'homme ; elle a pour auteur Dieu et peut n'être point écrite ; la loi positive émane du législateur humain.

La loi naturelle n'a que des sanctions morales : la paix de la conscience ou le remords, le respect ou le mépris public, selon qu'on l'observe ou qu'on le viole ; la loi positive est sanctionnée par des récompenses positives et par des peines pécuniaires ou même corporelles.

En jurisprudence, les lois sont impératives, prohibitives ou facultatives. Je parle de ces choses sans trop de maladresse parce que j'ai été reçu avocat avant de me livrer à la littérature.

Le droit est l'ensemble des lois, mais c'est aussi philosophiquement parlant, le principe et le fondement de la justice : définition qui nous fait encore remonter jusqu'à Dieu.

Dans cet ordre d'idées, l'homme effectivement libre d'aller soit vers le bien, soit vers le mal, est éloigné du mal et poussé vers le bien

métaphysiquement, par les lois morales proprement dites ou *de sens étroit*, telles que la
reconnaissance envers le bienfaiteur, la miséricorde envers l'ennemi, la bienveillance envers
tous, le secours au faible, l'indulgence au repentir, etc., et les lois morales *de sens large*,
appelées aussi juridiques qui règlent plus spécialement les rapports des hommes entre eux,
exemples : s'abstenir d'attaquer sans raison,
réparer les préjudices causés par sa faute, exé-
cuter toute convention valable, remplir les obligations de famille qu'imposent les qualité
d'époux, de père, de mère, de fils, accomplir
ses devoirs envers l'État, etc.

Dans le plus grand nombre des cas, ces dernières lois ou d'autres analogues imposant des
obligations publiques et privées, ont été revê-
tues d'une formule par les sociétés, puis pro-
mulguées c'est-à-dire imposées sous diverses
sanctions au nom de la collectivité que représente l'État. L'ensemble de ces lois a nom *Le*

droit positif et peut se définir ainsi : la formule donnée par l'autorité sociale aux principes qui régissent les rapports des hommes entre eux.

Il y a donc toujours le principe au-dessus de la formule, et, sans le principe, la formule ne saurait exister, — à moins toutefois que la formule ne nie le principe en prétendant l'abolir : ce qui est le cas de la loi actuelle du divorce.

Le législateur a-t-il ce pouvoir ? Légalement oui, et parlementairement, oui encore, car rien dans notre droit public ne limite sa puissance ; mais moralement non, parce que son devoir strict est de formuler les principes et de ne les point méconnaître. Ce n'est pas le législateur qui crée le droit, supérieur non seulement à lui-même, mais encore à la collection d'intérêts, d'intelligences et de volontés qu'il représente. La mission du législateur est purement de définir le droit préexistant et immortel par essence. Or définir ne peut jamais signifier abolir.

La plus grande calamité qui puisse frapper un peuple n'est pas l'invasion étrangère, ni le morcellement de son territoire ; il peut se relever de ce double malheur : ce n'est pas une révolution, les ruines qu'elle produit peuvent n'être point irréparables ; ce n'est pas non plus un régime tyrannique, car nulle violence ne saurait durer ; ce n'est pas même la corruption des mœurs, puisqu'elle trouve la plupart du temps dans son excès même la source du réactif qui la guérit.

Non, la plus grande calamité qui puisse frapper un peuple libre, c'est l'esprit de parti prenant d'assaut l'atelier parlementaire où se manufacturent les lois.

Telle est, en ce moment, la situation de la France : ses législateurs sont des hommes de parti, travaillant pour leur parti, et voyant toutes choses à travers les incroyances et les préjugés de leur parti.

Je ne sais plus comment se nomme cette nou-

velle école de peinture si drôle (je crois que
c'est *l'impressionisme*) dont les adeptes ont
dans l'œil des cristallins sophistiqués, sortes de
lorgnons intimes, teintés de diverses nuances :
de telle sorte que chez eux un grand peintre
voit tout gris, tandis que tel autre grand peintre
voit tout bleu, tel autre encore tout lilas et tel
autre enfin tout vert. Nous avons des législateurs impressionistes qui ont avalé les bésicles
du citoyen Robespierre, et qui voient tout sang
de bœuf.

Nos sociétés modernes ne sont pas faites autrement que les anciennes sociétés ; elles ont
leur racine dans une somme de vérités naturelles qui sont leur sol et d'où elles tirent naturellement la sève qui produit leurs institutions,
leur génie et leur gloire. Ce champ de la patrie
a ses grandes divisions tracées par le droit et le
devoir, que le législateur est chargé de tenir
bien marquées en éclairant sans cesse d'une

bienfaisante lumière les exigences du devoir et
les limites du droit.

Il n'a rien à créer, on ne crée ni le droit ni
le devoir, ni leurs frontières respectives ; on les
élucide et on les définit. C'est encore une
grande tâche qui engage une lourde responsabilité.

Le législateur n'est qu'un traducteur et un
interprète du texte souverain contenu dans le
droit naturel, mais son interprétation est souveraine aussi ; il doit y mettre toute la science
qu'il a et toute sa conscience. Placé qu'il est
entre les notions supérieures qui ne peuvent
varier et une société variable, il lui faut appliquer la hauteur de ces notions aux besoins de
cette société, non pas en disposant les choses
selon son plaisir, mais selon la justice. Malheur
à lui si quelque passion politique le tient, car
ce sont les plus aveugles ! et malheur surtout à
la société !

Si le faiseur de lois est homme de passion,

d'utopies ou de réminiscences, il cédera à la démangeaison de copier ses professeurs dans le
passé ou de faire la route plus large à ses disci-
ples dans l'avenir ; et alors, la loi, destinée surtout à corriger ce qu'il y a de vicieux dans les
mœurs, oubliera et méconnaîtra les nécessités de
son ministère : cela s'est vu. Bien plus, on a vu
des législateurs qui perdaient complètement le
sens de leur fonction et qui allaient jusqu'à introduire le vice dans la loi même, se faisant
ainsi les plus terribles ennemis de leur pays.....

　L'histoire en effet est pleine de ces exemples. Quand l'éternel pouvoir qui gouverne
l'univers, nature ou providence, comme il vous
plaira de le nommer, rencontre sous son regard une société qui, trompée par ses guides
et sortant de sa voie, barre la route à la Volonté suprême, cette volonté brise cette société
et passe. Et alors, il y a un peuple de moins
sur la terre, une leçon de plus dans les annales du monde.

Il en est ainsi spécialement pour les lois qui ont trait au mariage. Notre introduction, résumé rapide de l'histoire du divorce, l'a montré minant la puissance de Rome même et nous y avons entendu les cris d'épouvante poussés chez nous, non point sous l'Empire ni lors de la rentrée des Bourbons, mais en pleine Convention Nationale, par les représentants du peuple qui voyaient enfin l'abîme où le divorce entraînait la France.

« Les hommes qui ont introduit le divorce dans nos lois, disait plus tard M. de Bonald, à la veille du jour où le divorce en fut chassé, l'ont toujours présenté comme le sceau et le caractère spécial de la Révolution. » C'est tant pis pour la Révolution. M. Naquet, du reste, dans son livre, ne dit pas autre chose : il apporte sa loi comme conforme au droit de la Révolution et cela lui suffit. C'est tant pis pour M. Naquet qui aurait mieux fait de chercher son appui dans le vrai droit, dans le seul droit,

dans le droit de nature, source si longtemps
respectée des lois de notre pays. Le droit de
la Révolution tourne et change comme tous les
droits qui ne sont pas le Droit, mais le Droit
éternel ne change ni ne capitule jamais. La loi
peut bien proclamer de nouveau le divorce,
mais le Droit restera contre la loi.

L'importance sociale du mariage donne aux
lois qui le régissent un caractère particulier de
gravité. Trois éléments y interviennent selon
le Droit préexistant: le mariage est un acte
qui intéresse la nature puisqu'il perpétue l'espèce, qui intéresse la société puisqu'il l'ali-
mente et la conserve, qui intéresse la religion,
puisque la création, œuvre de Dieu, se re-
produit par le mariage et multiplie par lui des
âmes, faites pour aller à Dieu.

A cause de ces trois éléments, trois pouvoirs
se rencontrent pour faire le mariage : La fa-

mille, au nom de la nature et par le consentement indispensable du père et de la mère, car
le corps étant plutôt que l'esprit apte à remplir les fonctions conjugales, l'inexpérience des
jeunes époux doit être garantie par l'expérience
des parents ;

La société, par la célébration légale et le
contrat civil : elle a en effet ici un intérêt
majeur et une autorité incontestée ; elle est
témoin nécessaire pour créer les droits civils et
régler l'équilibre légal entre les époux ;

Enfin, la religion, qui donne au contrat naturel la sanction et la perfection de conscience.

L'œuvre de ces trois pouvoirs étant ac-
complie autour de l'œuvre principale et première qui est le libre consentement des époux
eux-mêmes, le mariage existe, la famille nouvelle est faite, et la famille une fois faite
échappe au législateur qui ne peut avoir, selon
le droit naturel, aucun moyen quelconque de
la défaire.

La famille est un tout, une unité composée de parties, reliées entre elles par la main même de la nature, qui est la main de Dieu. *Quod Deus conjunxit homo non separet* [1]. La loi civile n'y peut plus rien, et il y a bien plus : quand même les trois pouvoirs qui ont fondé se réuniraient pour détruire, à savoir la nature représentée par la famille, la loi et la religion, cela leur serait impossible. Ce qui est fait est fait pour toujours. Le droit de nature est inviolable. Dissoudre un tout c'est tuer : il y aurait meurtre.

Je ne crois pas qu'aucun raisonneur, même appartenant à la libre pensée, ait nié en soi l'unité de la famille, c'est-à-dire la cohésion absolue de tous les membres qui la composent. Je ne crois pas que l'audace même de la sophistique la plus aveugle ait jamais prétendu qu'aucune main, fût-ce la main du législateur, puisse

---

1. Que l'homme ne sépare pas ce que Dieu a uni.

à son gré démembrer cet être collectif, ébran-
cher cet arbre vivant, faire par exemple
qu'en tel cas donné, le fils devînt légalement
étranger à son père, le frère à sa sœur, la mère
à sa fille. Le lien qui unit le père à la mère est-il
moins étroit et moins sacré que ceux-là ? Si
vous n'avez pas permission d'émonder l'arbre
de la famille et d'en retrancher même le plus
faible rameau, pouvez-vous avoir cette licence
exorbitante d'en attaquer le tronc même, d'y
introduire le coin du divorce et de cogner
dessus avec le maillet de la loi jusqu'à ce que
ce tronc éclate et se fende ?

Je le dis à nos législateurs avec l'autorité
du vrai, du vrai absolu, du vrai éternel : ils ne
font rien, leur loi est impuissante. Ce qu'ils
croient avoir morcelé reste entier devant le
Droit, devant la nature et devant Dieu, parce
qu'ils ne pouvaient pas plus briser cette chose
naturelle, la famille, dans le mariage, qu'ils ne
sauraient la briser dans la paternité et la filia.

tion. Une disposition votée par les chambres ne peut pas plus faire que ma femme ne soit pas ma femme qu'il ne serait possible à un texte maniaque, interpolé dans nos codes, de faire que mon père ne soit plus mon père ou que mon fils ne soit plus mon fils.

Faut-il insister et ne suffit-il pas de montrer au doigt cette honte absurde ? Messieurs, la famille était avant vous, elle sera après vous, une et indivisible, bien autrement que n'importe quelle république ; elle restera telle au-dessus de vous. N'ayez point remords de l'avoir écartelée, car elle vous enterrera, malgré l'adultère légal que vous essayez d'y introduire. Nous disions naguère que la religion avait la vie dure, la famille aussi. Vous n'aurez rien fait, sinon une vaine et grosse immoralité. Le mal peut quelquefois servir à bien. Qui sait si la famille ne resserrera pas son lien pour se dé-fendre contre vos chatouillements ? Il semble vraiment que les choses vont ainsi à voir la ré-

probation dont votre embryon de loi est entouré
par avance, et j'ai peur pour vous que vous ne
soyez au fond, comme vous vous en vantez sans
y croire, de purs et simples bienfaiteurs de la
famille !

La famille, dès qu'elle est fondée, n'appartient donc plus, *en droit*, au législateur, au
moins quant à ce qui regarde son existence
même. Il est permis au législateur d'y toucher
pour la protéger, mais non point pour la détruire, parce qu'elle est portion intégrante et
membre vivant de ce grand tout, composé lui-
même de famille, de religion et d'Etat que
nous nommons la patrie. Elle a droit de vivre
parce qu'elle vit, au même titre (à tout le
moins) que n'importe quel citoyen.

Il ne faut point laisser passer ici sans y répondre cette opinion très erronée que la famille doit la vie à l'Etat, puisque c'est le ma-

gistrat civil qui a *fait* le mariage. Le magistrat civil est, il est vrai, supérieur au notaire, puisqu'il représente la société, mais le mariage est un contrat d'ordre naturel, supérieur à l'officier d'Etat qui n'y appose qu'un témoignage, un cachet d'Etat pour lui donner sa force civile.

La religion, elle, n'a pas la prétention de *faire* le mariage; elle enseigne que le prêtre célèbre et consacre le mariage, mais que ce sont les époux eux-mêmes qui en sont « les ministres » par leur consentement qui *fait* réellement l'accord et le contrat. La présence du prêtre est nécessaire: il confère le sacrement; il porte témoignage au nom de Dieu, auteur de la nature, de qui ressort ce contrat, au nom du fils de Dieu, Jésus-Christ, qui a élevé ce même contrat par la présence et la bénédiction du prêtre, jusqu'à la dignité de sacrement.

Historiquement, il y a eu longtemps union intime de la religion et de l'Etat dans l'acte qui confère le mariage et dans beaucoup de pays protestants il existe une coutume qui rappelle de loin cet accord si logique et si beau. En France, pendant des siècles, le prêtre, au point de vue du mariage, a représenté à la fois le pouvoir civil et le pouvoir religieux : de là naquit cette locution académique et démodée quelque peu que nous citions au chapitre du Droit naturel : « conduire sa fille ou sa fiancée à l'autel. » Il arriva au siècle passé que certains théologiens, ne voyant dans le mariage que le sacrement, voulurent en écarter légalement l'officier civil. Par représailles, des jurisconsultes, dont plusieurs étaient pourtant des chrétiens fervents ou passant pour tels, commencèrent à ne voir dans l'union légitime de l'homme et de la femme qu'un contrat purement civil et prétendirent en écarter l'Eglise. Ce ne fut guère d'abord qu'un épisode de la longue agitation au fond de laquelle était le jansénisme et que les parlements fomentèrent pendant les derniers âges de la monarchie contre les choses de la religion. Il y avait ici des cœurs pieux parmi les adversaires de l'Eglise, et leur opposition acharnée avait sa source surtout dans l'entêtement et dans l'esprit de corps. La lutte dura pendant beaucoup d'années, et l'édit de 1787 fut le premier pas dans la sécularisation effective de la loi matrimoniale. Cet édit de Louis XVI n'autorisait encore que les non-catholiques (juifs, protestants ou autres) à contracter mariage par-devant l'officier de l'Etat civil en l'absence de tout prêtre.

La Révolution qui pendait sur la France était encore retenue par un fil. Trois ans après, elle régnait sans partage et la constitution de 1791, achevant l'œuvre commencée, proclama la « laïcité » du mariage, tombé à l'état de contrat purement civil. De là il résulte que le contrat passé à la mairie seulement fut mariage et que le contrat passé seulement à la paroisse ne fut plus mariage. Le prétexte donné fut l'égalité de tous les citoyens devant la loi qui n'a point à s'occuper des opinions religieuses de chacun.

Selon Portalis qui parle de ces faits avec résigation, « on organisa cette idée qu'il faut souffrir tout ce que la providence souffre. » Et il ajoute, car c'était un vieux parlementaire : « La loi ne peut forcer les opinions religieuses des citoyens (nos lois actuelles vont plus loin cependant et suppriment toute croyance) et ne doit voir que des Français comme la nature ne voit que des hommes. »

Il arrivait à Portalis père de subir l'influence de son temps, malgré sa haute raison et son grand savoir. J'ai peine à croire que M. Dumas professe pour lui le même dédain que pour Bonald qui ne subissait rien, sinon sa propre conscience, et qui était tout uniment un croyant de génie.

Il y eut des rigueurs excessives contre l'E-glise dans cette question du mariage, et nous ne parlons point, bien entendu, des persécutions révolutionnaires. Nous citerons pour exemple de ces rigueurs le fait d'un homme à son lit de mort et qui, pressé par son repentir, aurait l'idée de réparer la faute qu'il a commise envers une femme, mais surtout envers un fils, restant après lui dans la vie sans état et sans nom. Il semblerait que la loi dût prêter toute facilité à cet acte, honorable, selon les idées humaines, nécessaire, selon les principes de toute religion. Eh bien non! La loi française a si grande terreur de l'Eglise depuis la révolution; qu'elle ne permet pas à l'Église de « mettre son nez » dans le mariage, même en ces cas si particuliers et si extrêmes. Impossible de légitimer un enfant au lit de mort, si l'on n'a pas le temps de faire les publications à la mairie et de remplir les autres formalités.

La mort, cependant, n'est pas complaisante et n'attend point. Elle frappe avant que les lenteurs bureaucratiques aient achevé leur promc nadé qui ne presse jamais son pas, et parmi les trois millions d'enfants sans pères que M. de Girardin a comptés sur ses doigts, il s'en trouve assurément un assez bon nombre qui seraient légitimes sans les défiances de la loi à l'égard du prêtre qui obtient dans la plupart des cas le consentement du moribond, mais ne peut lui donner aucune consécration, ni légale, *ni même religieuse*. Il est, en effet, défendu à tout prêtre de célébrer le mariage religieux avant le mariage civil sous des peines dont la progression est fort remarquable.

La première fois cinquante francs d'amende, la seconde fois, *cinq ans de réclusion*, la troisième fois L'EXIL. On voit par là jusqu'à quelle profondeur descend la méchante plaisanterie des journalistes et des députés qui accusent notre code « d'être clérical ! »

Cette erreur de la loi, comme toutes les erreurs contemporaines touchant la matière matrimoniale, et le divorce en particulier, naît de cette

16

fausse allégation érigée en principe : que le
mariage est un contrat ordinaire, un simple
contrat civil. Il y a dans cette prétendue définition bien plus d'erreurs que de mots. Nous
n'avons point la prétention de dire ici des choses
nouvelles : tous les philosophes, tous les législateurs ont abondamment ressassé la question.
Si elle s'est engagée dans les routes tortueuses
où nous la voyons sur le point de se perdre,
c'est par suite de l'effort révolutionnaire, né de
la mauvaise foi des parlementaires jansénistes
et des jurisconsultes philosophes dans l'inter-
minable lutte antireligieuse des deux derniers
siècles.

Portalis père eut le courage de dire au conseil
des anciens, le 29 fructidor an VI (septembre
1797), que le mariage n'est pas un contrat civil
parce qu'il a été « institué par le Créateur, » et
qu'il a par conséquent précédé toute société
civile. C'est un acte purement naturel que la
loi civile règle et protège, que la religion bénit

et sanctifie. Il n'est pas au-dessus de la loi, rien n'est au-dessus de la loi ; mais il échappe à la loi, quant à son existence même, parce que la loi positive, ne l'ayant pas fait, ne saurait le détruire.

À l'argument plaçant le mariage au rang des « contrats de société, » qui tous peuvent être rompus dans certains cas, et concluant que le mariage ne devait, pas plus que les autres conventions de ce genre, être éternel, Portalis père répondait en démontrant que ce contrat *sui generis*, plus saint que tous les autres, *nécessaire*, tandis qu'aucun autre ne peut être regardé comme tel, a un objet qui ne dépend point de la volonté de l'homme, mais de la nature même ; que la matière des autres contrats est une chose « dans le commerce », qu'ici c'est *la personne*; que dans les autres conventions on stipule pour soi, qu'ici, au contraire, on stipule pour une créature à naître (l'enfant), pour la société, pour le genre humain tout entier, —

et qu'en conséquence, dans cette espèce de contrat, unique en son espèce, outre les deux
contractants actifs et actuels, il y a comme parties intéressées l'enfant, la société, le monde.

Qu'en conséquence, aucune loi ne peut moralement ni virtuellement resciser un pareil
contrat.

Dans toutes les autres conventions, un moment se présente où elles se peuvent rompre
sans qu'aucun intérêt soit lésé; ici, jamais.
Dans le mariage, il n'y a pas de moment où
tous les intérêts engagés puissent disparaître à
la fois : voilà pourquoi le mariage est un contrat
éternel, autant que ce mot peut être appliqué
aux choses uniformément périssables de la terre.

La somme des lois romaines, *le Digeste* définissait le mariage : « L'union de l'homme et de
la femme, consorts de toute la vie par communication du droit divin et humain[1]. » Étrange

---

1. Nuptiæ conjunctio mariti et fæminæ consortium

et bien solennelle définition pour un contrat civil, quoi qu'elle soit fournie par l'évangile même du droit positif !

Dans des débats de 1832 à la Chambre des pairs (séance du 14 mars), Portalis fils traita la question avec une complète pertinence. Après avoir parlé des controverses que nous avons mentionnées, entre théologiens et jurisconsultes dont les uns repoussaient le magistrat, les autres le prêtre, il ajoute : « On alla jusqu'à cet excès de dire que les lois du mariage étaient purement positives et qu'il était au pouvoir du législateur d'en régler arbitrairement les conditions et les effets, puisque ce n'était après tout qu'un *simple contrat civil*.

« Mais le mariage n'est pas un contrat proprement dit, selon l'avis des plus savants jurisconsultes. Pour le démontrer jusqu'à l'évidence,

omnis vitæ, divini et humani juris communatio. Dig. lib. xxviii, tit. I.

16.

voyons dans le droit civil les règles et les conditions des contrats. Les choses qui sont dans
le commerce en forment seules la matière, et
l'inexécution ou la violation des engagements
personnels qui s'y rapportent se résolvent toujours en dommages-intérêts.

« Dans le mariage, l'union des volontés, l'a-
bandon réciproque de soi-même, la solidarité
des destinées sont d'une toute autre nature
que les choses dont s'occupe le code civil au
titre de la *Distinction des biens*. Quelle balance établir (quand il s'agit du mariage), dans
la proportion arithmétique de la *perte éprouvée* ou du *lucre cessant*?

« La plus digne, la plus sainte liaison qui
puisse être entre les hommes [1] ne saurait être
soumise aux lois qui régissent les transactions
vulgaires, parce qu'il s'agit ici de l'homme lui-

1. Plutarque, mélanges : de l'amour, 2 (trad
d'Amyot).

même et de sa destinée, de la société et de ses éléments.... »

De là cette antique maxime du droit français, selon laquelle toutes les clauses des contrats de mariage sont immuables, parce que, disait en la rappelant un capitulaire du VIIe siècle, « les pactes doivent imiter la nature des contrats dont ils font partie [1]. »

Aussi, chose remarquable et qu'il faut souligner avec soin, « quand le code Napoléon déclara dissoluble l'engagement conjugal, *il maintint l'irrévocabilité des clauses du contrat de mariage*, tant la perpétuité du pacte conjugal importe à la société ! »

Mais admettons même, ce qui n'est pas, ce qui ne peut être, que le mariage soit une simple convention civile comme la location d'un appartement ou l'accord entre deux marchands

1. Capitul. de l'an 680, chap. 37.

qui mettent en commun leur argent et leur industrie pour pratiquer à deux un commerce quelconque; certes, M. Dumas, et ceux qui, parmi les partisans du divorce, ont lu autre chose que les journaux, ne sauraient adopter cette thèse naïve. Admettons-la pour sérieuse, néanmoins, et considérons la comme une vérité démontrée; le divorce n'en sera point pour cela une aventure plus raisonnable ou moins immorale. Les contrats civils, en effet, ne sont point immortels par essence, et s'ils sont libres comme ces messieurs le crient sur tous les tons, dans quelles conditions peuvent-ils être rompus et quelle est la condition de leur liberté ?

Ils sont libres à l'heure où on les forme, mais l'échange accompli de deux volontés est déjà une chaîne qui ne se peut briser qu'en certains cas, et dès qu'un tiers intérêt se trouve engagé dans le lien, la rupture devient impossible, à moins de justes dédommagements. Or, sans

parler même de l'intérêt public, engagé nécessairement dans l'association matrimoniale,
qui importe si fort à la cité, sans parler même
de l'intérêt d'union et de considération qui regarde les deux familles, il y a un tiers de bien
autre importance, l'enfant.

Si l'on m'objecte qu'il existe des unions dé-
nuées de postérité, je repondrai que je n'ai pas
encore rencontré une loi de divorce visant seulement les époux stériles. Si jamais on en présente une, quand elle sera présentée, il sera
temps de s'en occuper. Dans l'état présent des
choses où la loi met en jeu tous les ménages
dont l'immense majorité produit des enfants,
il faut bien tenir compte de l'enfant.

Or peut-on prétendre qu'avec l'enfant intervenant votre soi-disant contrat civil soit libre ?
De quel droit les époux, prêts à déclarer la fail-
lite de leur commerce conjugal, vont-ils frapper ce tiers, plus intéressant, sans conteste, que
tout autre tiers et qui non seulement, comme

le premier venu, a droit à n'être point lésé, mais qui possède, de par la souveraine loi de nature, le droit imprescriptible d'être soutenu, choyé et protégé tant que le mariage dure légalement ? Lui offrirez vous un dédommagement quand le mariage aura légalement cessé d'être ? Lequel ? je vous prie de me le dire. Et qui l'acceptera pour lui s'il est mineur ? Allez-vous pourvoir de tuteurs vos orphelins factices, avouant ainsi que votre loi folle a *institué*, pour l'enfant, un désastre aussi noir que la mort même ?

Cet argument n'est pas très sérieux, j'en conviens, mais c'est parce qu'il admet votre affirmation dérisoire abaissant le mariage au rang de simple contrat civil et non point parce qu'il vous montre les extravagantes conséquences de votre loi, étant même admise la solidité de ses prémisses les plus caduques.

Et dans la même hypothèse du mariage-contrat civil rompu, il y a, sauf le cas de consentement mutuel (le plus immoral de tous et celui qui soulevait ces tempêtes d'anathèmes à la tribune même de la Convention !) il y a toujours, dis-je, une autre partie lésée dans le divorce, c'est l'époux contre lequel il est prononcé, l'époux non consentant, celui que votre loi expulse de sa propre maison pour la donner à autrui, et qu'elle met en quelque façon à la porte de sa propre vie ? n'a-t-il pas droit aussi à un dédommagement, celui-là dont vous brisez l'existence en dépit de sa volonté ?

Et je suppose que ce soit *celle-là*, la femme, la femme vertueuse ? Voyez-vous une réparation possible à ce dommage ? avez-vous songé à la chiffrer ? L'idée vous est-elle même venue qu'on pût compenser ce deuil avec une somme d'argent ? Je ne suis pas ici pour vous faire des compliments, et pourtant je n'ose point croire que vous ayez eu pareille pensée !

Mais alors, la femme vertueuse, chassée par vous de son logis naturel, serait donc dans

une position pire que la jeune fille coupable
par exemple ? Notre code, il est vrai, n'autorise pas répétition de salaire pour le crime,
mais il garantit dans certains cas une in-
demnité plus ou moins sérieuse à la victime
d'un séducteur. Le vice obtiendra donc ce que
vous refusez à la vertu !

Votre meilleur argument, qui ne vaut rien,
c'est peut-être la légèreté qu'on met, dans la
triste situation morale où nous sommes, à contracter mariage, et M. Naquet qui n'est pas un
romancier habile, a raconté la légende d'un
honnête militaire, berné par une « jésuitesse »
qui lui jouait des tours inhumains. C'était à
en verser des larmes, et j'espère que cet officier
aura de l'avancement; mais la plupart du temps,
dans la comédie des fiançailles, ce n'est point
l'homme qui est déçu; il a vu le monde assez
pour échapper aux surprises, tandis que la
jeune fille a bien souvent, comme l'idole du
Psalmiste, des yeux pour ne point voir, des

oreilles pour ne pas entendre, un cœur qui ose
à peine battre ; celle-là peut et doit être fréquemment abusée ; j'exhorte la loi du divorce· à lui
chercher quelque aubaine acceptable pour le
jour où on la déménagera. Ce cadeau qu'on
lui fait en déclarant sans rire qu'elle est *libre*
d'aller se faire re-divorcer ailleurs et qu'elle
est en surcroit *l'égale* de l'homme qui la chasse
ne me parait pas suffisant.

Avant d'arriver à cette question à peu près
inextricable et toute de droit positif de savoir
comment on règlera les croisements d'intérêts
entre les enfants après le divorce, je veux rap-
porter l'opinion de M. de Bonald sur la position
de l'enfant, intervenant muet, intervenant futur plutôt, dont l'attente place la convention
matrimoniale si fort en dehors et si fort au-dessus
des contrats civils ordinaires. C'est, suivant
M. de Bonald, un véritable engagement con-

tracté entre trois personnes, dont l'une est absente et représentée par l'Etat.

« Le pouvoir civil, dit-il, n'intervient dans l'accord entre époux que parce qu'il y représente l'enfant à naître, seul objet social du mariage. L'Etat accepte l'engagement que les époux prennent en sa présence et sous sa garantie de donner l'être à l'enfant...» C'est le mariage vu de très haut, de trop haut peut-être pour l'époque où nous sommes, et j'avoue que M. Dumas est bien plus au niveau des croyances ambiantes quand il regarde le mariage comme une association d'intérêts, d'avantages et de commodités où l'enfant arrive comme un accident fréquent, mais parfois désagréable, et dont il ne faut point faire un obstacle à la bonne aubaine du divorce.

« Dans les sociétés ordinaires, continue de Bonald, on stipule pour soi; dans le mariage, on stipule pour autrui... Le Pouvoir y stipule les intérêts de l'enfant, puisque la plupart des

clauses matrimoniales sont relatives à la sur-
venance des enfants et que l'Etat accepte même
quelquefois certains avantages particuliers,
stipulés en faveur d'un enfant à naitre... Ministre du lien qui donne à l'enfant l'existence,
l'Etat garantit la stabilité de ce lien.

« L'engagement conjugal est donc réellement formé entre trois personnes présentes ou
représentées, car le pouvoir public qui précède
la famille et qui lui survit, représente toujours
dans la famille la personne absente : soit l'enfant avant sa naissance, soit le père après sa
mort. »

L'engagement formé ainsi entre trois,
pourra-t-il être rompu par deux au préjudice
du tiers ? M. de Bonald se fait cette question et
y répond ainsi : « Le père et la mère qui font
divorce sont réellement deux forts qui s'arran-
gent pour dépouiller un faible, et le Pouvoir
qui y consent est complice de leur brigandage. »

Le mot est fort, mais il vient bien dans une bouche austère. De tous ceux qui ont écrit sur le mariage, M. de Bonald est celui qui consent le moins à y voir un moyen de vivre plus à l'aise : il est l'antipode prophétique de M. Dumas qui ne se laisse jamais distraire des époux par l'enfant, et il se rapprocherait plutôt de la manière de voir populaire qui exprime avec résignation une pensée philosophique quand elle va répétant : « On ne se marie pas pour s'amuser. »

Cette troisième personne, victime du *brigandage* des époux divorçants, ne pourrait, selon M. de Bonald, même si elle était présente, « consentir jamais à la dissolution de la société qui lui a donné l'être, parce qu'elle est mineure dans la famille alors même qu'elle est majeure dans l'Etat et, par conséquent, toujours incapable de consentir contre ses intérêts. De son côté, le pouvoir civil qui représentait l'enfant, au moment du lien formé, ne peut plus le représenter s'il s'agit de dissoudre ce lien, parce que le tuteur est donné au pupille moins encore pour accepter ce qui lui est utile que pour l'empêcher de consentir à ce qui lui nuit. » D'où l'impossibilité morale et juridique du divorce.

On ne doit point s'étonner si cet esprit solide, mais entier dans son austérité, n'est pas en odeur de sainteté chez les commodes moralistes partisans de cette doctrine qu'il faut jeter le mariage par-dessus bord sitôt qu'il a cessé d'être amusant ou commode, et ne point s'occuper de l'enfant.

Comment régler les héritages dans les familles où le divorce a passé une fois, — ou deux fois, — ou même trois fois? Abondance de biens ne nuit pas, dit-on, et quand on prend du divorce on n'en saurait trop prendre. Je m'étonne qu'un romancier n'ait pas encore eu l'idée de mettre en scène le comique larmoyant

d'un de ces procès après divorce qu'on rencontre quelquefois dans la presse anglaise. Il
y a là des situations bien curieuses, et les vrais
gagnants à la loi nouvelle seront les journaux
et gazettes judiciaires qui trouveront là une
copieuse et abondante pâture. Mon ami re-
gretté, si bon et tant spirituel, le roi des con-
teurs anglais, Charles Dickens, avait à ce sujet
des histoires à étouffer de rire toute une population de lecteurs et à mouiller des draps de lit
dans leur largeur et leur longueur, par l'averse
des larmes arrachées aux cœurs sensibles. Je
crois qu'il n'aurait pas osé écrire cela; de
l'autre côté de la Manche, ils ont non seulement la pudeur, mais encore la pruderie.

Dans une page attendrie de son livre auquel
le mien répond de temps en temps et en passant, avec sobriété, M. Alex. Dumas nous a
exhibé le tableau respectable d'une famille anglaise excessivement nombreuse, grâce à la
collaboration du divorce, très heureuse, très

vertueuse, mais pratiquant ses vertus et jouissant de son bonheur sous des climats doux, assez éloignés de l'Angleterre. Cela rentre bien dans les idées de Dickens, qui affirmait que dans tout le haut monde de Londres, formant pourtant une foule assez épaisse, on ne trouverait pas, en l'épluchant brin par brin, une *seule famille de divorcés*, j'entends une famille *admise*, ayant ses entrées au sanctuaire du *high life*. Cela peut suggérer aux patriarches du divorce l'idée d'expatrier leur bonheur et leurs vertus. Le soleil de la France méridionale est un sourire; sous le baiser de ses rayons comment regretter la brumeuse patrie du verjus et du vin de groseilles?

La France était clémente au divorce parce qu'elle ne le connaissait plus. Les divorcés des pays à divorce où le divorce est regardé de travers venaient dormir tranquilles chez nous. Dickens nous connaissait bien, car il disait encore : « En France, vous n'avez pas la pruderie, c'est vrai, mais vous n'avez pas non plus la pudeur. »

Revenons au droit positif et ne racontons aucune histoire de procès extraordinaire pour qu'on ne nous jette pas à la tête nos romans de jeunesse; ce serait d'ailleurs trop facile de raconter, on n'aurait qu'à prendre au hasard dans les journaux de Londres. Posons seulement un problème que les tribunaux ont à résoudre fréquemment dans les contrées embellies par le divorce. Je ne veux pas même prendre un patriarche aussi prolifique que celui de M. Dumas : Je choisis le premier venu, notre Adam, par exemple, en souhaitant de tout cœur que l'hypothèse soit fausse et qu'il soit resté au contraire bien paisible dans son Eden domestique avec son Ève et leurs chers enfants à tous deux.

Je prends donc Adam qui a eu d'Ève trois enfants. Adam et Ève divorcent et se remarient. Adam a deux enfants de sa seconde femme,

Ève a un enfant de son second mari, ils divorcent encore. J'espère que M. Naquet ne se ré-
criera point : sa loi n'est pas faite pour autre
chose.

Chacun des quatre époux naturellement se
remarie et ces quatre mariages sont féconds.
Cela commence à se compliquer, n'est-ce pas ?
On pourrait aller plus loin pourtant sans sortir
de la vraisemblance. Il y a donc sept mariages
et sept contrats ; les notaires trouvent que le divorce a du bon.

Les rapports qui doivent exister entre ces
familles si étrangement *alliées* fourniraient
certainement une page originale, mais je dé-
daigne l'occasion d'avoir de l'esprit une fois en
ma vie et ne veux m'occuper ici que de jurisprudence.

Néron mourut quoique grand musicien, les
plus grands divorceurs en arrivent là. Je vous
fais part du décès d'Adam et du décès d'Ève
qui se sont éteints l'un et l'autre au sein de leur

17.

tantième félicité : que Dieu fasse paix à leurs
âmes ! Les procès bizarres dont j'ai parlé com-
mencent alors et prennent diverses formes
autour des successions ouvertes. Ah ! les
avocats sont plus partisans du divorce encore
que les notaires. Et les avoués, donc !

Supposez que vienne à s'ouvrir en même
temps la succession des ascendants d'Adam et
d'Eve, et la succession des divers maris et des
femmes d'Eve et d'Adam, et les successions des
ascendants de ces diverses femmes et de ces
divers maris ; il faut que cela arrive nécessairement un jour ou l'autre, puisque nous
sommes tous mortels. Supposez maintenant
que chacune de ces successions soit quelque
peu embrouillée par elle-même et indépendamment de la question des divorces, comme
c'est le cas dans presque toutes les affaires de
famille, et représentez-vous (si vous pouvez)
l'inexprimable imbroglio de chicanes qui va
s'écheveler, se crêper, s'emmêler en brous-

sailles procédurières entre les misérables enfants
des différents lits. A Londres on cite un de
ces grands procès qui a enterré tous ses
plaideurs, tous ses avocats et tous ses juges.
Entamé entre des enfants au berceau, il se
poursuit, continué par des vieillards, héritiers
des premiers contendants· Il est âgé de plus
d'un demi siècle et les gens de palais qui en
vivent le regardent comme un patrimoine,
comme un immeuble qui leur paiera sa rente
jusqu'à la fin des temps.

Et ne croyez pas que la longévité de ces
débats ait seulement pour cause les historiques
sinuosités de la procédure anglaise, car on me
rapportait hier qu'à Bruxelles, où règne le code
Napoléon, un procès de ce genre, qui dure déjà
depuis quinze à vingt ans, n'en est encore qu'à
son aurore.

Il faut bien distinguer entre le divorce, acte

violent qui brise un contrat valable, et la nullité prononcée contre un accord qui n'a jamais pu exister; l'Etat, à qui nous dénions dans notre conscience le droit d'établir le divorce, possède au contraire, et nous le reconnaissons, le droit naturel de poser des cas de nullité parce qu'il a le devoir de maintenir ses propres intérêts, de sauvegarder l'intégrité de la race et la santé publique, de veiller aux intérêts de la propriété et de la moralité.

Il y a des empêchements dirimants, énumérés par la loi civile et l'on n'y peut qu'applaudir, tout en s'étonnant des clameurs poussées par la franchise sujette à caution des partisans du divorce contre les empêchements du même genre établis par l'Eglise en nombre moins grand et surtout beaucoup moins sévères. Ainsi, je remarquerai que le consentement des parents, *exigé* au civil, n'est demandé que comme conseil au concile de Trente. C'est un devoir de conscience, non une obligation étroite dont le défaut doive entraîner nullité.

Il m'arrive rarement de répondre sérieusement à M. Dumas parce que son livre très élo-
quent, bourré de tirades théâtrales entre lesquelles se glissent des pages quasi-sérieuses qui
semblent dictées par un controversiste protestant, se tient très souvent hors de son titre :
la *Question du divorce*, et s'égare en des
attaques fantaisistes contre l'Eglise dont je re-
torquerai quelques unes, les plus impies, en
mon chapitre intitulé *la Religion ;* mais en
abordant la matière des empêchements de droit
civil, je ne puis me défendre de signaler une
des erreurs les plus fréquentes et les moins
justifiées parmi celles où l'inspiration protestante, subie par M. Dumas, le fait à chaque
instant tomber. Son livre, parfois catholique
selon l'orthodoxie de M. Loyson, est en majeure
partie protestant à un degré que tout le monde
a remarqué et qui a peiné plusieurs de ses amis,
entre autres moi-même. Sa tête de turc veut

être le mariage indissoluble; il frappe avec un acharnement singulier et sans mesure aucune l'Eglise catholique elle-même.

Le prétexte qu'il laisse deviner à ces agressions multipliées, où se viennent inopinément mêler des caresses et des tendresses, est le tort considérable que l'Église lui causerait, à lui, Dumas, dans son légitime empire sur les dames. Pour ne point mécontenter un homme de son mérite, je veux croire que cet empire est en effet très grand, mais j'hésite à le placer en regard de l'empire de l'Église.

Je suis néanmoins plus triste qu'étonné, car nous avions déjà vu de nos jours un homme de plus haute taille encore, un homme de génie, éloigné de Dieu par cette invraisemblable pensée que Dieu lui faisait concurrence!

L'erreur dont je parlais et qui semble parfois volontaire est l'affectation mise par M. Dumas à confondre les cas de nullité avec les cas de divorce, dans maints passages où il emploie un de ces mots pour l'autre, accusant ainsi les souverains pontifes d'avoir rendu des jugements qui *prononçaient le divorce.* L'effort de mon amitié et de ma courtoisie ira jusqu'à ne point modifier le nom d'erreur donné par moi à cet acte si fréquemment répété. Il m'est pourtant bien difficile de penser que M. Dumas, très instruit comme il est et acceptant en outre les bons avis de la théologie calviniste, puisse ignorer la différence radicale qui existe entre ces deux notions : le divorce et la nullité.

Le divorce, je le répète et je le souligne, *détruit* une association vivante et immortelle de par le droit de nature, tandis que la nullité *proclame* le néant d'une chose qui n'a jamais pu exister. Je répète aussi que je ne puis supposer un instant que M. Dumas ait jamais ignoré cela. S'il l'eut oublié, le moindre des pasteurs à qui son livre a dû être soumis aurait pu lui rafraîchir la mémoire.

Comment donc se fait-il que M. Dumas ait

attaqué si souvent et même persifflé l'Eglise
avec une verve qui voulait être impitoyable, à
propos de ses *divorces masqués sous le nom
de nullité?* Notez que c'est toujours ici la
vieille, la sempiternelle charge à fond contre le
prétendu *jésuitisme* de l'Eglise, ce substantif
étant pris dans son sens consacré par les almanachs.

L'Eglise a déclaré de nombreux cas de nullité chaque fois qu'il le fallait. l'Eglise n'a
jamais, dans les exemples pompeusement cités
par M. Dumas, prononcé le divorce. Prenons
le cas d'Henri VIII, ardent catholique alors et
défenseur officiel de la foi catholique : l'Eglise
avait un intérêt immense à prononcer le divorce
si facile ici à masquer sous le nom de nullité.
L'Église dit : *Non possumus,* et consentit à
perdre un puissant royaume plutôt que de consentir un divorce voilé.

Dans d'autres passages, M. Dumas, parlant
la vraie langue, plaisante l'Eglise à propos de

ces nullités mêmes qui, à son sens, disjoignent les époux comme le divorce. Autre erreur: la nullité prononcée ne sépare que ceux qui n'ont pas été virtuellement unis.

Mais que sont-elles donc, ces fameuses nullités « cléricales » qu'on nous entoure de mystère et qu'on nous donne comme des espèces de machines infernales, tenues en réserve par le Vatican pour s'emparer de la politique et tyranniser le monde? En vérité, il n'est pas possible de ne point sourire en répondant à pareille question, et M. Dumas sait aussi bien que nous que les nullités, déclarées par les conciles, c'est-à-dire avec la plus grande publicité qui ait jamais été au monde, étaient et sont encore aujourd'hui à peu près les mêmes que les nullités énumérées par notre code civil. Seulement, on en compte un peu moins et leur rigueur est moindre. Qui donc trompe-t-on ici?

On trompe celui qui est éternellement trompé et qui jamais ne se plaint d'avoir été trompé:

le lecteur, la foule, le *peuple*, que ce peuple soit habillé de bure ou de velours, qu'il mange des pommes de terre ou des truffes, le vulgaire, pauvre et riche, humble ou noble : Le PUBLIC multiforme qui ne sait jamais et va vers l'erreur comme le suffrage universel des clous se précipite sur l'aimant.

Ceux donc qui veulent loyalement connaître les empêchements dirimants qui entraînent nullité selon la loi ecclésiastique n'ont pas besoin de faire comme les Jésuites cinq années de théologie, plus l'année de droit canon : ils n'ont qu'à ouvrir notre code Napoléon au livre 1 et à lire les premiers chapitres du titre V; cela leur prendra trois minutes, juste, et ils en sauront autant que les cardinaux.

V

LA RELIGION

___

J'ai placé, en tête de ces pages une lettre adressée à M. Alex. Dumas, dans laquelle je lui annonçais mon intention de répondre à son livre *la Question du divorce*. Cette lettre est suivie d'un *post-scriptum* écrit après la première lecture de l'ouvrage, et dans cet appendice où perce mon désappointement, je déclarais que la connaissance prise par moi du volume de M. Dumas modifiait quelque peu mon premier plan. Ma volonté, en effet, étant avant tout de combattre la loi du divorce, je ne pouvais plus suivre pas à pas M. Dumas qui m'envoyait une diatribe dirigée contre l'Église catholique.

La *Question du Divorce*, en effet, parle bien mariage assez souvent, mais elle parle surtout révolte contre les vérités évangéliques et vieux blasphèmes, réédités avec emphase. C'est un pamphlet prenant la théologie à l'envers, c'est presque un essai, très confus, il est vrai, d'église nouvelle et qui vient juste au moment où d'étranges prédications semblent souffler dans le tourbillon de nos tempêtes la menace d'un scandale, redouté depuis longtemps. On serait tenté parfois de crier à l'ignorance, mais je ne crois pas à l'ignorance de M. Dumas. C'est plutôt parti pris et alors d'où vient cette haine furieuse qui mord avec rage sans se priver de ce baiser si célèbre dans l'histoire de la Passion de Notre-Seigneur ?

Il résulte de ces choses que j'ai eu jusqu'ici

des occasions plutôt rares de répondre à M. Dumas puisqu'il ne s'occupe guère de droit naturel ni de morale et qu'il ne s'occupe point du tout de politique, ni de droit positif. Son œuvre est une exhumation de polémiques religieuses d'un grand âge enterrées depuis un siècle et que les jansénistes, puis les encyclopédistes avaient déjà remises dans le commerce de l'irréligion où elles s'étaient avantageusement débitées, grâce à Pascal et à Voltaire, avant d'être entouies à nouveau. Elles vont rentrer demain dans leur cercueil en attendant l'autre homme d'esprit à court de munitions qui les ressucitera l'année prochaine, car la tombe où elles dorment est une armoire banale et personne n'a honte d'y puiser parmi ceux qui ne dédaignent point de tremper leurs plumes dans l'encre qui a déjà servi. Je n'ai rien vu de neuf chez M. Dumas, à l'exception de sa petite église personnelle qu'il commence à bâtir à l'usage des « savants » et des dames à reprendre parmi celles que la grande, la seule Église lui a, paraitrait-il, enlevées, puisqu'il les re-regrette dolemment.

À son traité parfois brumeux et d'autres fois très brillant de capricieuse théologie, c'est donc ici, dans mon chapitre intitulé *la Religion*, qu'il est convenable surtout de répondre. Je vais essayer de le faire aussi brièvement que possible, et je dois confesser tout d'abord que ce ne sera pas très difficile. Seulement, avant d'entamer la discussion, je veux mentionner un scrupule qui m'a pris sur la forme à donner à ce bout de réplique.

Ayant débuté par une lettre-préface, il me semblait bon de terminer par une lettre-conclusion. Je suis comme les ménagères qui rangent avec soin leur dessert sur la table pour lui donner quelque apparence : j'aime la symétrie. Mais à qui adresser cette lettre? à M. Dumas? Cela semble simple et tout naturel; je pris la plume et j'écrivis..... devinez quoi ? « Mon cher Dumas, » sans nul doute ?

Eh bien, non ! ceci mérite d'être raconté et demande explication. J'écrivis en beaux caractères lisibles et en toutes lettres : « Mon Révérend... » Pourquoi ?

Mon Dieu, voilà : j'ai beaucoup suivi les fantaisistes allemands dans ma jeunesse littéraire et j'ai même composé en ma vie un certain nombre de récits fantastiques qui ont eu plus ou moins de succès. D'un autre côté, par état, je suis suffisamment versé dans la littérature courante de l'Angleterre et j'ai la tête pleine de croquis excellents dessinés par Walter Scott, Bulwer, Dickens et autres. Il y a surtout un certain ministre protestant (de Walter Scott, je crois) raide et relié tout d'une pièce dans sa longue lévite boutonnée qui me hante chaque fois qu'on parle de citations bibliques retournées sens dessus dessous et de textes trahis par le traducteur. Pendant que je lisais la *Question du divorce*, on ne peut se faire

une idée de la tyrannie exercée sur moi par
cet honnête pasteur protestant. J'avais beau le
chasser, il revenait sans cesse, il était à demeure entre M. Dumas et moi, roide, relié du
haut en bas dans son drap sombre qui ne
faisait point de plis et portant sous son aisselle
une bible « accommodée » aux besoins de son
digne cœur; si je fermais les yeux, c'était lui,
ce brave homme, qui déclamait à mon oreille
d'une voix sensiblement nasillarde les antiques
témérités rajeunies par M. Dumas, et si je
rouvrais les yeux, la lampe qui éclairait
M. Dumas écrivant son livre projetait sur les
marges blanches des silhouettes très nettement
dessinées de mon ombre chinoise : mon pasteur,
mon éternel pasteur, assis, debout, gesticulant
ou immobile, mais toujours relié, toujours
roide, toujours ayant sous le bras sa bible
améliorée pour l'agrément de ses discussions.
Il y avait des instants où toutes ces silhouettes
de révérends encadraient pour moi le texte de

M. Dumas comme les illustrations qu'on prodigue aux livres d'étrennes pour divertir les lecteurs frivoles, seulement cela ne me divertissait point, et je me demandais comment l'étincelant écrivain pouvait avoir la force d'âme nécessaire pour sertir les perles de son style en compagnie de pareille silhouette.

Notez bien que je ne saurais affirmer en aucune façon que M. Dumas ait chez lui cette silhouette au milieu des admirables objets d'art qui emplissent sa maison ; je ne l'y ai point vue et personne ne m'a dit l'y avoir vue. C'est le livre même qui, par son allure et son parfum, me dénonçait les relatioins étroites de l'auteur avec cette reliure animée, si magistralement peinte par Walter Scott, avec cette bible luthérienne ou calviniste, bourrée des obus dont on se sert pour bombarder l'Eglise apostolique et romaine.

Ayant ainsi mis ma loyauté à couvert en confessant qu'il s'agit d'une pure vision, d'une

18.

hallucination aidée par l'odeur particulièrement huguenote des théories de M. Dumas qui ne connaît sans doute même pas le révérend dont la silhouette habite son livre, je laisse telle quelle la suscription mise par erreur à ma lettre, et voici pourquoi : si le révérend n'est qu'un fantôme comme je l'espère encore un peu, il ne pourra se formaliser de mes familiarités ; si c'est un honorable pasteur ayant, comme je le crains, quelque influence sur la manière de voir d'un écrivain pour qui je professe une vive admiration et une sincère amitié, il aura, tout en m'excusant, la charité de lui faire connaitre mes étonnements et ma tristesse à propos de sa malheureuse tentative théolo-lique. Donc, je commence :

LETTRE A LA SILHOUETTE

Mon Révérend,

Vous ne me paraissez pas avoir suffisamment renseigné M. Dumas, de l'Académie française, dans la thèse religioso-naturaliste qu'il vient de soutenir, à très grand bruit, contre l'Eglise catholique, à propos du divorce. Vous ne lui avez pas toujours bien choisi les auteurs à consulter, et il vous est arrivé même de l'induire en erreur touchant des faits qu'il n'est point permis d'ignorer.

Je vous soumets ma réponse à M. Dumas au sujet de l'élément religieux ou irreligieux qu'il a introduit dans son livre, parce que l'idée m'est venue qu'il vous avait écouté, comme Numa Pompilius écoutait Egerie, et que cette portion paradogmatique de l'œuvre a été inspirée par vous.

La religion est le bien qui rattache l'homme à Dieu et qui met quelque chose de Dieu dans l'homme : de là naît la grandeur de l'homme.

Vous croyez comme moi, mon révérend, que Jésus-Christ, c'est-à-dire Dieu fait homme, promis par Dieu en Eden, naquit à Béthléem de Juda. Je crois de plus que vous que Jésus-Christ est présent en l'Eglise catholique qu'il a fondée.

Il y a une religion qu'on nomme naturelle et qui fut la Religion même au paradis terrestre. Elle a cessé d'être la Religion à cause de son insuffisance, depuis notre chute originelle.

Le péché originel, dont la notion est le point de départ des vérités théologiques, n'est pas admis par les libres penseurs parce qu'ils repoussent la Révélation même, ce qui est la cause générale de leurs erreurs. J'espère pour vous que vous n'en êtes point là : M. Dumas, du moins, a parlé souvent de la Révélation en homme qui n'en mesure pas toute la portée, mais qui l'accepte et qui la vénère.

La Révélation nous fournit deux sortes d'enseignements. C'est Dieu parlant à l'homme. Elle nous apprend mieux et plus sûrement les choses supérieures que nous aurions pu à la rigueur concevoir au moyen de notre propre entendement, telles que l'unité de Dieu, l'immortalité de l'âme, l'éternité des récompenses et des châtiments dans une vie future ; — elle nous apprend encore, et elle seule peut nous apprendre les choses divines qui surpassent notre raison : le mystère de la Trinité, les autres mystères, les anges, le culte déterminé : toutes notions que l'homme ne peut avoir sans que Dieu les lui ait données.

Hors de la Révélation tout est, sinon mensonge, du moins erreur et obscurité, et les dieux païens que M. Dumas rappelle en forme d'objection ne sont que des échos défigurés de la véritable histoire, révélée aux Juifs dans les Écritures. Vous saviez cela sans nul doute, mon Révérend, et vous auriez pu le dire à M. Dumas en le prémunissant contre la désolante pensée qu'il a eue d'outrager la sainteté sublime des Écritures. Le Dieu des Écritures est le seul Dieu, le grand Dieu, le Dieu juste. La morale des Écritures est la seule morale. L'histoire contenue dans les Écritures est la seule histoire merveilleusement conforme à l'expérience, à la nature et à la science, la seule qui ait décrit l'homme vrai et peint la vraie terre.

Il fallait le dire à M. Dumas qui croit seulement à la poésie des Écritures et à leur éloquence sans rivale. C'est faire preuve de goût littéraire, mais cela ne suffit point. Il fallait voir ce que M. Dumas fait de Dieu, sinon de l'église qui vous importe peu, et de toute la religion révélée : vous lui eussiez rendu là un signalé service d'ami. Il fallait l'arrêter et lui dénoncer la vétusté rouillée des objections que vous foulez

aux pieds vous-même, vous autres protestants,
quand il a écrit ces lignes naïvement blasphé-
matoires : « ... Dieu qui savait tout d'avance
ne savait pas que l'homme formé de ses mains,
animé de son soufle, allait désobéir, prévariquer
et tout mettre en question. Est-ce donc un
piège que la toute-puissance de Dieu tend à
l'ignorance et à la faiblesse de l'homme ?... il
va falloir que ce Dieu devant sa créature déso-
béissante, reconnaisse qu'il s'est trompé, qu'il
submerge et détruise sa première création,
qu'il recommence avec Noé, sans faire mieux
qu'avec Adam... »

Puis vient la Passion résumée de Notre-Seigneur Jésus-Christ, et M. Dumas ajoute : « et
pourquoi tout cela arrive-t-il ? » Ayant répondu
en racontant le péché d'Eve et d'Adam, il conclut : « Et nous, les descendants de ce premier
homme, nous porterons jusqu'à la fin des
siècles le signe et nous subirons éternellement
la peine de cette première faute. C'est bien

difficile à croire... Ou l'auteur de l'univers...
s'est trompé, ou l'auteur (Moïse) du livre (la
Bible) qui raconte ces choses a été induit en
erreur. » M. Alex Dumas repousse donc du
même geste dédaigneux la révélation par la
Genèse et le péché originel. Vous auriez pu lui
faire observer qu'il cesse ainsi, non seulement
d'être catholique, mais d'être chrétien.

Les textes que M. Dumas a cités jusqu'ici
sont exacts, quoique mal expliqués, mais quand
il arrive à l'histoire d'Abraham, d'Agar et de
Sara, s'il traduit encore fidèlement, il commente et raconte d'une façon tout à fait excen-
trique. Il fait d'Agar une mère à l'époque où
elle avait seulement conçu, parce que cela pro-
fite mieux à sa stratégie oratoire. Pour lui,
Abraham chasse Agar sur la plainte de Sara,
tandis que c'est Agar qui s'enfuit pour éviter
les traitements de Sara. Il fait recommander
par Dieu l'accord entre les deux femmes, tandis que Dieu ordonne la soumission de l'une à

l'autre. Il donne à l'un des deux enfants le nom
d'*adultérin*, pourquoi? mon révérend, vous
n'étiez donc pas là pour lui rappeler que la polygamie était tolérée, puisque Moïse disait au
Deutéronome, chap. XXI : « Si un homme a
deux épouses, l'une aimée, l'autre odieuse... »
Et quant aux deux enfants encore, malgré le
titre d'aldutérin infligé à l'un d'eux, M. Dumas
veut qu'ils aient les mêmes droits et que Dieu,
pour cela tout exprès, eût envoyé ses anges.
Où étiez-vous, mon révérend? Dans les bibles
même embellies le sens des ordres de Dieu est
tout autre et vous savez bien, vous, que le fils
de Sara et le fils d'Agar sont fort inégalement
partagés dans les promesses et dans les droits.

Après avoir annoté à sa manière et avec la
désinvolture qu'on met à analyser les pièces de
théâtre dans les journaux l'histoire de Jacob
chez Laban, M. Dumas s'arrête tout à coup
(p. 38) et ajoute avec épouvante: « Je m'arrête
ici, parce que le jour où Dieu a passé ce traité

avec Abraham, il est entré dans des détails que *je ne peux pas imprimer*. »

Ne trouvez-vous pas, mon révérend, que ceci est un peu sévère à l'égard de Dieu. C'est même *roide*, comme disait au Gymnase M. Dumas qui renvoie, pour convaincre Dieu d'inconvenance, au chap. VII de la Genèse, v. 1. J'y suis allé voir ce qui avait effarouché si terriblement l'auteur du *Demi-Monde* et j'ai trouvé ceci :

Vers. 1 : « Après qu'il eut (Abraham) commencé sa quatre-vingt-dix-neuvième année, Dieu lui apparut et lui dit : Je suis le Dieu tout-puissant, marche en ma présence et sois parfait. »

Vers. 2 : « Et je poserai un pacte entre moi et toi, et je te multiplierai très fortement. »

Vers. 3 : « Abraham tomba aussitôt la face contre terre. »

Vers. 4 : « Et Dieu lui dit : Je suis et mon pacte est avec toi, tu seras le père de beaucoup de nations... »

Cela va ainsi jusqu'au verset qui parle de la circoncision. Est-ce la circoncision qui a donné la chair de poule à M. Dumas? Vous auriez pu rassurer sa pudeur, mon révérend, et son libraire aussi qui a dû subir ce baptême chirurgical. M. Dumas ajoute, il est vrai : « Que prouve tout ce que je viens de dire ? » Et il se répond lui-même avec loyauté : « Rien, absolument rien... »

Mais il a le tort de poursuivre en une page absolument impie que je n'ose citer, car moi aussi, j'ai ma pudeur, différente, il est vrai, de celle de M. Dumas, et mon cœur se soulève quand on vilipende devant moi Dieu, la Vierge, les saints, tout ce que j'invoque dans le ciel. J'ai colère et j'ai pitié. Plus un homme a été comblé de grands dons, plus son ingratitude fait peine à ceux qui l'aiment.

Et en vérité, mon révérend, le doute me revient par rapport à vous ; l'ombre chinoise a dû me tromper, cette silhouette n'était pas la vôtre :

vous n'auriez pas lâché la bride si large au blasphême. Le vieux démon janséniste qui soufflait le mensonge à l'oreille de Pascal se gardait bien de blasphêmer. Vous devez à tout le moins, vous dans une mesure, respecter la Bible et les Évangiles.

Mais d'un autre côté, on sent une inspiration prostestante si manifeste ! Que M. Dumas soit tombé sceptique, c'est le malheur de notre âge, mais protestant, pourquoi ? se fait-on protestant à moins de subir la fringale, le besoin de divorcer avec un vœu ? M. Dumas n'avait fait aucun vœu, et certes c'est un amoureux platonique du divorce dont il ne veut point user pour son compte personnel.

Et cependant son livre sue le protestantisme avec une abondance extraordinaire ! De la page 39 à la page 400, ou plutôt de la première page à la dernière, dans toutes ses appréciations : Le *grand* Luther, le *grand homme* de Luther, le *prétendu* scandale de la réforme, ce ragoût de mauvaise provenance remis au fourneau et réchauffé, entre les *indulgences*, dans les anathêmes lancés à nos pontifes, à nos évê- ques, à tous nos prêtres, y compris même les saints, dans tout enfin et partout, son livre est protestant, protestantissime. Mon révérend, si je me suis trompé, ce n'est vraiment pas ma faute, vous ne devriez point laisser votre sil- houette se promener ainsi sur les marges des livres auquels vous n'avez pas collaboré.

Et tenez, dans ce livre, il semble rester quel- ques bouts de lignes écrits par vous même et qui n'ont point été biffés entièrement. Page 43, après avoir hasardé l'exposé d'une théodicée à la fois très erronée et très brillante en ses incer- tains développements. le livre s'écrie : « Le Dieu que nous figurons, *nous autres que vous appelez des hérétiques....* » Je souligne et je me demande si M. Dumas a écrit cette ligne- là ? Qui donc l'a jamais appelé un hérétique ? ses pièces, ses livres s'occupaient-ils assez de

religion pour qu'on pût leur, appliquer cette
formule de blâme ? Etait-ce bien comme hérétique que les gens de famille condamnaient
La Dame aux camélias ? Ce « Nous autres
hérétiques, » je vous l'avoue, mon révérend,
m'a sauté aux yeux, comme si l'ombre chinoise
elle-même eût pris la parole pour me crier :
« Voilà ma griffe, ce mot est de moi ! »

Je ne vous attribue pas le restant de l'exposé
philosophico-théologique. Vous avez vos études
et vous n'avez point sans doute cette poésie. Ce
n'est pas vous qui avez fabriqué ce Dieu de M.
Dumas, cet étrange Dieu dont l'*infini, contenu*
dans des développements humains, peut *grandir*, et être à la première étape de sa croissance le
Dieu d'Abraham, à la seconde, le Dieu de Moïse,
à la troisième le Dieu de Jésus, et ainsi de suite,
de pousse en pousse, pendant les *millions de
siècles* que le monde a encore à vivoter avant
de trébucher au seuil de l'Éternité (qui semblera
courte à la suite d'une si lente agonie !) ce

Dieu original dont l'unité *se divise, se frac-tionne* et *s'adapte* à l'idéal des gens qui veu-lent bien se soucier de lui....

Non, non, vous n'avez point modelé ce Dieu là, mon révérend, et M. Dumas lui-même vo-yait le bon Dieu autrement fait au jour de sa première communion qu'il a décrite avec tant de cœur, si heureuse et si belle ! son catéchisme lui avait dit tout bonnement ce que nous persis-tons à croire, nous autres pauvres ignorantins : « Dieu est un esprit éternel, infini, immuable, » qui ne se peut couper en tranches, qui est partout et tout entier partout où il est, « comme il était au commencement et maintenant et tou-jours dans les siècles des siècles. »

Un fait certainement très singulier chez M. Dumas, et à propos du quel, mon révérend, il m'étonne que vous ne l'ayez point averti, c'est la légéreté avec laquelle il passe sur

Jésus-Christ, présenté par lui comme ayant apporté aux hommes une morale superbe et très sublime, mais au demeurant assez peu pratique. L'impression qui m'est restée après lecture, c'est que, selon M. Dumas, Jésus-Christ n'était pas systématiquement l'ennemi du divorce, pratiqué dans de bonnes conditions, ce qui mettrait dans un assez mauvais cas l'Eglise catholique, fondée par Jésus-Christ et sur laquelle M. Dumas va tomber à bras raccourci jusqu'à la fin de son volume, sous prétexte, justement, de Divorce ; M. Dumas ne dit rien de l'Evangile de Jésus-Christ, de ses pensées ni de ses lois à propos du Divorce. Ce silence a été remarqué. Et de saint Paul qu'il regarde avec quelque raison comme le second fondateur de l'Eglise, que dit M. Dumas ? rien non plus, sinon que, loin de combattre la loi du divorce « maintenue par Jésus [1], » saint Paul est l'in-

1. Page 53.

venteur d'un nouveau cas en faveur de l'époux chrétien, abandonné par l'époux demeuré païen.

Or, mon révérend, puisque vous n'avez point signalé à M. Dumas les textes qui condamnent sévèrement son silence ou qui démentent ses assertions avec une énergique autorité, je suppose que vous ne les aviez point sur vous et je vais vous les fournir ; les voici :

D'abord saint Mathieu [1] : Le Christ interrogé par les pharisiens sur la question de savoir s'il est permis de renvoyer sa femme, répond que ce n'est pas permis, « parce que, au commencement, le Créateur de l'homme le fit mâle et femelle et dit : à cause de cela, l'homme quittera son père et sa mère pour s'attacher à son épouse, et ils seront deux (le mari et la femme) dans une seule chair. C'est pourquoi ils ne son plus deux chairs, mais une seule.

1. S. Math., chap. XIX, 3 et ss.

Donc, que l'homme ne sépare point ce que
Dieu a uni. »

Tel est le premier article de la loi de Jésus
sur le mariage. Je passe au second. Les pharisiens reviennent à la charge et disent [1] :
« Pourquoi alors Moïse a-t-il permis de donner
le livret de répudiation et de renvoyer (la
femme) ?

Jésus répondit : « Moïse [2] vous a permis de
renvoyer vos femmes à cause de la dureté de
votre cœur, mais au commencement, il n'en fut
pas ainsi. Mais je vous le dis : quiconque renverra sa femme pour autre cause que l'adultère
et en épousera une autre sera souillé, et celui
qui épousera la femme renvoyée sera souillé. »

Jésus amende donc ici la loi de Moïse dans
un sens contraire au divorce, et supprime la
répudiation. Ce texte a, d'ailleurs, son explication dans saint Marc où le sauveur dit :

1. *Ibid.*, v. 7.
2. *Ibid.*, v. 8.

« Quiconque [1] renverra sa femme et en épouse une autre, commet l'adultère, et si une femme se sépare de son mari et qu'il en épouse une autre, il est souillé. »

De même dans saint Luc : « Tout homme [2] qui renvoie sa femme, et en épouse une autre, est souillé, et celui qui épouse la femme renvoyée est souillé. » Si vous aviez fait cadeau à M. Dumas de ces textes si clairs, peut-être n'eût-il point osé ajouter que Jésus avait *maintenu* la loi du divorce.

Voyons maintenant saint Paul qui n'est pas moins précis. Le grand apôtre dit, en effet, aux Romains : « Ignorez-vous [3], mes frères, je parle ici à ceux qui savent la loi, que la loi du mariage tient la femme au pouvoir de l'homme tant que l'homme est vivant? La femme en

1. Marc x., 11 et 12.
2. Luc, xvi, 18.
3. Rom., 7.

puissance de mari est liée à la loi pendant que l'homme vit, mais si l'homme meurt, elle est déliée de la loi de l'homme. Donc, si du vivant de son mari, elle épouse un autre homme, elle sera appelée adultère. Si, au contraire, la mort de son mari l'a faite libre, elle ne sera point adultère en épousant un autre homme. »

Et aux Corinthiens : « à ceux qui sont dans les liens du mariage, j'ordonne (non pas moi, mais le Seigneur) que la femme ne quitte point son mari : si elle le quitte, qu'elle demeure dans la chasteté ou qu'elle se reconcilie. Que l'homme ne renvoie point sa femme. »

C'est peut être là ce que M. Dumas appelle un cas de divorce ajouté à ceux qui existaient déjà. Il m'importait beaucoup de savoir l'opinion de saint Paul et j'ai cherché. Je pourrais citer d'autres textes en grand nombre, tous favorable au mariage indissoluble; je mets au défi M. Dumas de m'apposer une seule ligne de saint Paul favorable au divorce.

Les protestants nous reprochent souvent avec quelque amertume, et vous partagez peut-être cet avis, mon révérend, d'aliéner notre liberté, quand nous lisons la bible, ou du moins de la soumettre à une autorité doctrinale infaillible qui détermine le sens des textes saints d'une façon uniforme pour toute la catholicité. D'autre part, nous accusons chacun de vous d'expliquer les Ecritures à sa guise, ce qui n'est pas sans présenter un danger, puisque Voltaire disait : « Donnez-moi une ligne d'un homme et je le ferai pendre. » « Tout est dans tout, » disait de son côté Azaïs .Les intelligences des hommes sont bien diverses. Pour que nous tombions dans l'erreur, nous autres catholiques, il faudrait supposer l'erreur de l'Église, tandis que vous glissez jusqu'au fond de l'arbitraire, sans autre hypothèse que l'erreur si probable de quelques-uns d'entre vous.

Pour un sens que nous acceptons tous, depuis le commencement, vous en essayez des

19.

centaines dont aucune ne reste, et Bossuet a
compté dans son *Histoire des variations* 272
(je crois ne pas me tromper) deux cents soixante-
douze sens différents et imprimés, attribués
par les protestants à ces quatre mots « ceci
est mon corps, » pour éviter de garder à ces
quatre mots leur vrai sens qui proclame hautement la présence réelle de Jésus-Christ dans
l'Eucharistie, présence réelle dont les protestants ne veulent point.

En dehors même de ce formidable péril
d'avoir autant de versions différentes qu'il y a
de cervelles à l'envers ou à l'endroit, *tot capita
tot sensus*, nous avons pour nous soumettre au
sens catholique une raison tirée de l'Évangile
même, proclamant que Jésus a donné à l'Église
mission d'interpréter l'Écriture. Nous avons
encore la primauté de saint Pierre pour qui
Jésus a prié, qu'il a chargé de confirmer ses

frères dans la doctrine et de paître ses brebis comme ses agneaux. Nous avons en outre la promesse de Jésus d'être avez nous jusqu'à la fin des siècles et nous avons sa parole aux apôtres : « Celui qui vous écoute m'écoute, celui qui vous méprise me méprise. » Nous avons enfin d'autres textes authentiques en nombre considérable, mais l'aspect seul des controverses agitées entre vous, mon révérend, *libres translateurs* de la Bible, nous suffirait amplement pour reconnaître la nécessité d'une interprétation unique et souveraine.

C'est l'Église, notre mère, qui traduit et commente pour nous l'Écriture, selon le mandat solennel donné à Pierre, l'Église qui n'a jamais varié, quoi que la calomnie ait pu dire, et qui ne variera jamais, quoi que puissent espérer ses ennemis, soutenus de nos jours par quelques uns de ses amis, éloquences inquiètes ou déréglées, gourmandes de bruit, malades d'orgueil. Cette invariabilité, héritée de Dieu même est un des plus forts arguments qui puissent soutenir une doctrine et saint Augustin le formulait ainsi : « Ce qui a été partout et toujours remonte aux apôtres, à Jésus-Christ, et est par conséquent vrai. »

Ne trouvez-vous pas, mon révérend, que M. Dumas penche parfois vers ce goût de l'autorité consacrée par l'âge, malgré ses fréquentes promenades au pays de la libre pensée ? Il cherche perpétuellement et partout des ancêtres à sa manière de voir, tantôt dans les partialités de l'histoire, tantôt dans la loyauté terriblement discréditée des premiers pamphlets protestants. Ce que j'ai voulu prouver, moi, jusqu'à l'évidence, c'est que, parmi les aïeux de sa doctrine favorable au divorce, il ne lui était permis de citer ni Jésus-Christ ni saint Paul.

Est-il plus heureux avec les pères de l'Église ? Mon révérend, je vous fais juge de l'escarmouche imprudente qu'il entame à ce sujet.

Page 53 de *la Question du divorce*, il dit :
« ... Sainte Thècle, disciple de saint Paul et du
vivant du saint, par conséquent avec son consentement (la déduction est large !) répudia son
mari qui vivait d'une façon trop dissolue pour
qu'elle pût pratiquer la religion, et se rema-
ria. »

Bon ! Voilà un fait précis, mais il y a un
malheur; sainte Thècle, et je dirais que nul ne
l'ignore, si M. Dumas le savait, sainte Thècle
que M. Dumas charge d'un divorce *n'était pas
mariée*. Elle est morte vierge et martyre !!
Elle est la première de toutes les vierges martyres, comme saint Étienne est le premier martyr lévite.

Et ce n'est pas une de ces obscures bien-
heureuses qu'on puisse calomnier à volonté.
Ses témoins sont Grégoire de Nazianze, Epiphane, Ambroise, Jérôme, Chrisostôme, Sul-
pice-Sévère dont les voix sonores ont célébré
ses gloires !

En ces premiers siècles, quand on voulait désigner une vierge parfaite dans sa force, on disait : « c'est une Thècle ! » Comme on dit aujourd'hui d'un héros de la charité : « c'est un Vincent pe Paul ! » Saint Jérôme a dit de Mélanie : « c'est une Thècle ! » Saint Grégoire de Nysse a dit de sa sœur, sainte Macrine : « c'est une Thècle ! » Zénon et Justinien ont fait bâtir des temples pour les placer sous l'inovation de sainte Thècle, et Pierre IV d'Aragon, ayant violé l'Eglise de sainte Thècle, en fut puni par la maladie et la mort. La réparation publique qu'il fit à la vierge-martyre avant de rendre son dernier soupir est historique.

Quoique vous n'aimiez ni les vierges ni les martyres chez vous, mon révérend, je vous prie de faire observer à M. Dumas que le fait de placer dans sa discussion une vierge-martyre comme ayant subi le divorce n'est pas intégralement parlementaire.

M. Dumas, pour se donner l'appui des pères

de l'Église, s'en prend ensuite à Fabiola, grande dame romaine du IVe siècle, « appelée *Laus christianorum et miracula gentium,* » qui divorça d'avec son mari pour adultère et en prit un second, « Saint Paul n'y est plus pour l'absoudre, dit M. Dumas, mais saint Jérôme y est... »

M. Dumas, cette fois, aurait-il vraiment trouvé son affaire? Ouvrons votre saint Jérôme, mon révérend, et vérifions, cela en vaut la peine. Nous trouvons au tome 1er [1] une lettre à Oceanus et nous y lisons : «... Fabiola aussi qui s'était persuadé et croyait réellement avoir eu le droit de renvoyer son mari, et ne connais- sait pas la *vigueur de l'Évangile* [2] où tout prétexte de se remarier du vivant de leur époux, est coupé (*amputatur*) aux femmes. » Voilà un singulier approbateur : saint Jérôme rap-

1. Lettre 77, colonne 455.
2. *Nec Evangelii vigorem noverat.*

porte ensuite la pénitence publique et terrible que Fabiola dût subir pour son péché.

Mais ce n'est pas tout, saint Paul *y était encore*, quoi qu'en pense M. Dumas, non point pour absoudre le divorce, mais pour le condamner. En un autre passage [1], saint Jérôme répondant au prêtre Amandus, écrit en effet : « Vous demandez si une femme qui s'est séparée de son mari adultère et a reçu un autre homme *par force* peut, sans pénitence publique, rester en communion avec l'Église du vivant de son premier époux;...Dites à cette chrétienne, notre sœur, non pas notre avis mais celui de l'apôtre (saint Paul). »

Et saint Jérôme transcrit le passage de saint Paul que nous avons cité déjà : « Ignorez-vous, mes frères, je parle à ceux qui savent la loi, etc. ; » et il ajoute : « donc, du vivant de son époux, si elle se remarie, elle sera adultère. »

1. Let. 55, col., 295.

« L'Apôtre dit encore, écrit-il plus bas, la femme est liée à l'homme pour tout le temps qu'il vivra, etc. » (texte de saint Paul déjà cité par nous), et conclut donc très ouvertement (*apertissime definit*) en supprimant tout pré- texte, que la femme qui se remarie du vivant de son époux, est adultère.

Saint Jérôme ajoute encore : «... et ne me par- lez plus de violence du ravisseur, de persuasion de la mère, d'autorité du père, de pression de la part des proches, etc.; aussi longtemps que l'époux est vivant, fût-il adultère ou pis encore et couvert de tous les forfaits... il est toujours considéré comme son mari, et à elle il n'est pas permis de se remarier. L'apôtre lui-même n'a pas ainsi décidé par sa propre autorité mais par celle du Christ qui a dit dans son évangile : « Celui qui renvoie sa femme, sauf le cas de fornication, est cause de sa souillure, et celui qui épouse la femme renvoyée est adultère. »

Vous voyez, mon révérend, que M. Dumas

n'a pas bonne chance avec les Pères de l'Eglise.
Puisqu'il m'a fourni l'occasion de transcrire
une belle page de saint Jérôme, je vous prie de
lui indiquer de ma part les endroits où il
pourra trouver l'opinion des autres Pères explicitement et formellement exprimée, depuis
Hermas, le premier apologiste, dont parle saint
Paul dans l'épître aux Romains, jusqu'à saint
Liguori et saint François de Sales, le dernier
des Pères. Je vous mets ces indications en note
pour ne point surcharger mon texte. En joi-
gnant à cette unanimité l'encyclique récente de
S. S. Léon XIII, qui la couronne, M. Dumas
sera solidement fixé, s'il veut, sur la valeur de
son argument et sur l'opinion invariable de
l'Eglise [1].

1. VOIR : HERMAS. L. du *Pasteur*, liv. precept. 4. —
S. JUSTIN, martyr, *apol.* I, nº 15 et *apol.* II, nº 2. —
ATHÉNAGORE, *Leg. pro christianis*, édit. Maran, nº 33,
p. 30. — TERTULLIEN, liv. *ad. uxorem, de patientiâ,* —
de monogania. — CLÉMENT D'ALEXANDRIE. Strom., *l.* II,

J'arrête ma note au v° siècle, mentionnant seulement le deuxième CONCILE DE MILERIS, que M. Dumas connait bien et a cité. J'en traduis ici le dix-septième canon : « Il a été admis que, selon la discipline catholique et apostolique, ni l'homme séparé de son épouse, ni l'épouse séparée de son mari, ne pourront nouer d'autres nœuds, mais doivent rester ainsi ou se réconcilier. S'ils méprisent cet ordre, qu'ils soient sou-

c. 23., l. III, c. 6. — ORIGÈNE, *in Matth.*, édit. Delarue, t. III, p. 646. — S. CYPRIEN, *lib. Testimoniorum* et *lib. de disciplina*, p. 326. — LACTANCE. *Divinarum institutionum*, liv. IV., c. 23. Rome, 1757, p. 278-382. — CONCILE D'ILLIBÉRIS, canons 8, 9, 10, 72, apud. Harduin, T. I, colon. 251 et 258. — CONCILE D'ARLES (en 314) canon X. — S. BASILE, *ep. ad. Amphiloquium*, I, can. IX, — II. can. XXI et XLVIII. — S. GRÉGOIRE DE NAZIANZE, *arat.* 31 et seq. édit. de Paris, 1630, T. I, p. 499 et suiv. — S. AMBROISE, *in Luc.*, l. 8., — *De Abraham*, I, 4, 7, etc, T. I, col. 1470 et suiv. — S. EPIPHANE. *Hæreses*, 69. — S. CHRYSOSTOME, — THÉODORET, — S. HILAIRE DE POITIERS, — S. AUGUSTIN, — S. INNOCENT, I, etc.

mis à la pénitence, et qu'une loi impériale soit demandée à ce sujet. » (Harduin, *acta concil*, I col. 1229.) Ce concile a été célébré en 418.

A partir du v⁰ siècle, il ne peut même plus y avoir de difficultés : les pères, les papes, les conciles, la tradition universelle, en un mot, se présente tout d'une pièce. Dans cet ensemble parfait et complet, rien ne peut laisser place au moindre doute.

Cela n'empêche pas M. Dumas de déclarer sans rire et même à plusieurs reprises dans son livre, que « l'Église a permis le divorce à tous les fidèles *jusqu'au concile de Trente*. Mon révérend, je sais bien que les autres protestants disent des choses de ce genre assez volontiers ; mais M. Dumas était catholique hier ou à peu près, et il a écrit de si belles pages sur sa première communion ! Montrez-lui mes textes indiqués, quand vous les aurez vérifiés ; il y verra que l'Eglise n'a jamais permis le divorce à tous les fidèles, ni même à quelques-uns.

Mais M. Dumas a été plus loin, il a affirmé que l'Eglise étendait cette licence de divorcer même aux prêtres (qui étaient mariés par conséquent) jusqu'au VIIIe siècle! Je ne vous cache pas, mon révérend, que c'est en marge de ce passage que votre silhouette a dansé devant mes yeux pour la première fois. Vous êtes si fort l'adversaire, et pour cause, du célibat ecclésiastique! et M. Dumas, à qui cette question ne fait ni chaud ni froid, devait à mon sens y apporter tant de calme! Or, faire usage de certaines habiletés qui ont d'autres noms dans les disputes familières, c'est assurément montrer quelque passion; une de ces habiletés, connue, dit-on, en Normandie, s'appelle : affirmer le plus pour faire croire le moins. C'est bien un peu cela ici, n'est-ce pas? Comment persister à croire que les prêtres catholiques ne se mariaient pas quand il est *établi* qu'on leur permettait le divorce?

Mon Révérend, j'ai la plus grande confiance

en M. Dumas que je tiens pour galant homme
au premier chef, l'ayant vu à l'œuvre en
maintes occasions, mais en affaires il faut des
titres, en histoire aussi. Mettez entre les mains
de M. Dumas une preuve, une seule que l'Église
ait jamais permis à un prêtre d'occident ou
même d'orient de se marier et je le croirai.
Jusque là, je ne le crois pas, étant absolument
sûr du contraire, et ne croyant point au mariage licite d'aucun prêtre catholique, l'idée de
cette permission de divorcer qu'on leur eût
donnée en cadeau me semble gaie.

La vérité bien connue, c'est que l'Église,
pendant longtemps, admit à la dignité de
prêtre les hommes mariés. Il le fallait bien,
puisqu'on n'en aurait pas trouvé d'autres en
suffisante quantité; mais il est non moins connu
que ces prêtres ainsi choisis quittaient leur
femme le jour même où ils recevaient leurs ordres, et en aucun cas un prêtre catholique ne
s'est marié licitement après avoir été consacré.

Prouver cela n'est pas chose possible ; on ne prouve pas la clarté du jour... Mais d'un autre côté, quiconque nie la lumière du soleil, démontre, non point qu'il fait nuit en plein midi, mais que lui n'y voit goute.

Je pourrais terminer ici ma lettre, mon révérend, car je n'ai pas eu un seul moment tentation de suivre M. Dumas dans le développement de ses théories religieuses ; j'avoue que je ne les comprends pas toujours bien et cela vient sans doute de l'infériorité de mon intellect ; mon seul but était de lui prouver que l'Église à aucune époque, n'avait été complice des partisans du divorce et ce but est rempli. Restent pourtant deux de ses arguments auxquels il faut opposer une courte réponse : celui qu'il tire des divorces princiers, et celui qui a trait au concile de Trente par rapport au divorce en usage chez les Grecs.

Sur le premier, nous avons dit dans le *coup d'œil historique* qui sert d'introduction à ce

livre combien longue et arduc fut la lutte de
l'Église contre la coutume invétérée du divorce;
les grands surtout résistèrent pied à pied et nos
rois des premières races prétendirent pendant
longtemps qu'ils étaient, quant à la liberté de
rompre leurs mariages, investis d'un privilège
d'État.

Historiquement, que plusieurs d'entre eux
aient eu recours au divorce, ce n'est donc pas
douteux; c'est vrai comme il est vrai qu'on rencontre encore chez nous des bigames et même
des trigames vivant en opposition avec la loi.
Et si M. Dumas m'objecte que nos tribunaux
poursuivent ces criminels, je lui répondrai que
Rome condamnait les princes coupables de
divorce. Je lui répondrai cela d'une manière
absolue, car je regarde comme impossible de
prouver historiquement (puisque cela n'est pas
vrai), que l'Église ait prêté jamais les mains à
un seul divorce, pourvu qu'on ne fasse pas
confusion volontaire entre le divorce propre-

ment dit et les cas de nullité que le devoir de l'Eglise était de poursuivre.

Henri VIII, dans l'histoire d'Angleterre, Philippe-Auguste, dans l'histoire de France, sont là pour témoigner de la fière attitude des souverains pontifes dans ces questions de doctrine où l'Eglise foula toujours aux pieds ses intérêts les plus chers plutôt que d'abandonner le Droit.

Mon révérend, je vous ai attribué, je m'en accuse, quelques mots mal sonnants échappés à M. Dumas à propos de Charlemagne, répudiant Berthe ; j'aurais mieux aimé que ces mots vinssent de vous qui êtes un Anglais, dans mon rêve. J'aurais trouvé tout simple qu'un étranger, non catholique, imputât d'un cœur léger au plus glorieux des princes qui ont gouverné la France, un crime abject en ajoutant : « Ce qui ne l'a pas empêché d'être canonisé par l'Eglise. »

Ce n'est pas l'Eglise qui a canonisé Charlemagne, coupable ou non du crime dont M. Du-

mas éclabousse sa mémoire, c'est « l'écolier de
Paris, » Louis XI, qui reconnut officiellement
cette fête, célébrée depuis des siècles par l'Université dont Charlemagne était le fondateur.
Rome ne crut point devoir s'opposer à la fête,
qui était *de culte immémorial*.

Je voudrais bien aussi laisser à votre compte,
mon révérend, la parole apocryphe que M. Dumas, après tout un peuple de romanciers feuil-
letonnistes, a mis dans la bouche du Béarnais à
propos de son *divorce* avec Marguerite. Henri
IV n'a jamais dit: « Paris vaut bien une messe, »
et son divorce prétendu ne fut qu'une nullité
prononcée après enquête solennelle : nous l'a-
vons établi dans notre introduction.

Il est vrai que cette double niche faite à l'histoire, fournit à M. Dumas l'occasion d'une troisième espiéglerie de la même force quand il
écrit : « L'Eglise devait prendre sa revanche,
dit-on, avec Ravaillac. » Je me hâte d'ajouter
que M. Dumas déclare ensuite « qu'il vaut

mieux ne pas croire un mot de tout ce qui a été
raconté à ce sujet. » Mais n'êtes-vous pas de
mon avis, mon révérend : quand on a craché
sur un tapis précieux et qu'on essuie ensuite la
souillure avec la semelle de sa botte, on fait un
acte de repentir, mais le mieux eut été d'avaler
sa salive. Je ne saurais dire combien il m'a peiné
de voir sous la plume de M. Dumas cette calomnie décrepite et surabondamment refutée.
Le théâtre n'est pas la meilleure école où l'on
puisse apprendre l'histoire.

Autour du second argument, le divorce des
Grecs, M. Dumas entasse beaucoup d'érudi-
tion assez pompeusement étalée. Il cite généreusement les historiens du concile de Trente,
Soave, Pallavicini, etc., et ne se prive point,
bien entendu, de faire la leçon aux pères du
concile. Vous connaissiez cet argument, mon
révérend, vos coreligionnaires l'ont accomodé
à toutes les sauces dès le XVIᵉ siècle. Voici
en peu de mots la vérité sur le divorce grec

Le divorce est pratiqué en effet dans les mo-
narchies suivant le rite grec, mais c'est par
suite de la tolérance *coupable* de l'Eglise grecque et d'un ABUS reconnu par elle. La loi de
l'Eglise grecque est contraire au divorce; Je
le prouve trois fois.

1° L'Eglise grecque a ·adopté et inscrit dans
son canon général le 17e canon du concile de
Mileris, ainsi que le chap. 76 et le canon 104
du concile de l'Eglise d'Afrique qui condamnent
et interdisent le divorce [1]. »

2° Michel Paléologue, dans la profession de
foi qu'il offrit à Grégoire X au concile de Lyon
(1274) proclamait explicitement et formellement l'indissolubilité du lien congugal [2].

3° Quand les Réformés du XVI° siècle de-
mandèrent aux Grecs des armes pour lutter
sur ce sujet contre l'Eglise romaine, Jérémie,
patriarche de Constantinople, leur écrivit au

1. Harduin, *acta concil.* I, col. 861, 862, 923.
2. Monti, Collect. max. Venise, 1780, t. 24, col. 71.

nom *de son Eglise*, que « Dieu à la création et Jésus-Christ dans l'Evangile ont fait le mariage indissoluble [1]. »

La doctrine des Grecs est donc la même que la nôtre dans son esprit et dans sa lettre ; seulement, en fait, l'*abus* a prévalu, et il ne faut pas croire que l'Eglise romaine ne l'ait pas signalé. Elle a fait entendre sa voix chaque fois que l'occasion s'en est présentée. Le pape Eugène IV, dans son décret *pro Armenis*, s'exprime ainsi : « Un triple bien est dévolu au mariage : Le premier est la production des enfants à élever dans le culte de Dieu, le second est la fidélité que chaque époux doit à l'autre, le troisième est l'indivisibilité du mariage parce qu'il figure l'indissoluble union du Christ avec l'Eglise. Quoique la séparation corporelle soit permise pour cause d'adultère, *on ne peut*

1. Censura ecclesiæ orient., per Jeremiam patriarch. Cologne, 1585, chap. 8 : de Matrim. et natur. Sacrament., p. 116.

jamais contracter un autre mariage parce que
la chaîne du premier, s'il a été légitimement
contracté, est perpétuelle [1]. »

Telles sont aussi les déclarations précises de
Clément VIII [2], d'Urbain VIII, dans la for-
mule de profession de foi, imposée à tout
Grec revenant à l'Église catholique, de
Benoît XIV [3], etc.

En revanche, jamais les Grecs unis au chis-
matiques n'ont risqué une seule protestation
contre les décrets ou jugements particuliers des
souverains pontifes proclamant l'indissolubilité
du mariage. Ces faits met semblen significatifs.

La base de l'argument de M. Dumas est un
abus, dont l'origine est plate et triste comme
l'histoire de tous les abus, fils des tolérances et

---

1. Harduin acta concil, t. I., col. 440.
2. Constit. 35. Bullaire, Rome, 1617, p. 48.
3. Constit. 78, *Nuper ad nos.* Bullaire, T. I, p. 258 et
s., et Constit. 57, Bullaire, T. I, p. 179, — et *De
Synodo dioces.*, lib. XIII, c. 22.

des concessions. Je vais perdre dix lignes à la dire.

Les Empereurs d'Orient *toléraient* dans la loi civile le divorce que la loi religieuse défendait. Aussi longtemps que la foi et la discipline régnèrent parmi les chrétiens à Constantinople, les Pères n'eurent pas de peine à protéger l'indissolubilité au nom de l'Évangile, mais le tableau de cette société efféminée et chancelante a été peint des multitudes de fois et les monstruosités qui désolent en ce moment la Russie, sont comme un arrière-châtiment de ses hontes. Les empereurs pauvres bonshommes étaient là des espèces de divinités, entourées d'un culte. L'église grecque courbait le front comme tout le monde devant ces fétiches, gardés par des lions en carton doré ; elle résista à l'envahissement du divorce assez longtemps, mais mollement, et finit par fermer les yeux avec fatigue, tout en déplorant l'*abus* et tout en proclamant à voix basse, théoriquement,

comme le patriarche Jérémie, l'indissolubilité
du mariage.

Les choses qui nous viennent de Russie à
l'heure présente ne valent rien, excepté le cuir,
et l'argument russe de M. Dumas ne méritait
peut-être pas une si longue réponse, car même
s'il était fondé, il ne prouverait rien, sinon que
l'Église grecque a eu le bon sens de reconnaître
un abus et n'a pas eu le courage de l'extirper.

Mon révérend, vous n'existez peut-être que
dans mon imagination, et votre silhouette qui
timbrait pour moi les pages de M. Dumas n'é-
tait peut-être aussi qu'un simple papillon noir.
En tout cas, le peu de paroles qui me restent à
dire ne sont point pour vous être adressées et
j'ai bien l'honneur de vous offrir ou à votre
ombre l'assurance de mon sincère respect.

CONCLUSION.

Le divorce est contraire au Droit naturel, à la Morale, à la Politique, au Droit positif, tel que l'entendent les plus éminents jurisconsultes, et à la Religion professée par la majorité des Français. Mon livre a prouvé cela après avoir signalé en courant les désastreux effets du divorce que l'histoire enregistre. J'ai répondu à M. Alexandre Dumas incomplétement parce qu'une large portion de son livre est un pamphlet très coléreux jeté à la face de l'Église au moment où l'Eglise est martyrisée dans la personne de ses plus humbles serviteurs, les aumôniers des régiments, les frères des Ecoles, les sœurs des hôpitaux, dans la personne même de ces admirables créatures, formant une des gloires de la France, les filles de la Charité! Ma réponse eût été dure, je l'ai retenue en moi, songeant que M. Dumas a déjà eu le temps de se faire aux mœurs d'un corps illustre qu'il glorifie, lequel corps, peu incliné vers les choses non régnantes, s'adjoignit un jour M. Emile Ollivier ministre, et proscrivit ou à peu près un autre jour M. Emile Ollivier tombé.

Ma réponse eut été dure surtout aux diatribes de M. Dumas contre le *confessionnal*, et la partie comique n'y eut point manqué, car il semble là combattre une concurrence ; — dure aussi, tout particulièrement dure à l'endroit des *Indulgences* : j'avais en effet tenu mon mouchoir sous mon nez en remuant ce butin recueilli dans une hotte anonyme où nul polémiste ne fouille plus depuis longtemps de peur d'asphyxie. Pas même M. Paul Bert.

Quant aux Jésuites que M. Dumas a le véritable malheur de battre en auxiliaire de M. Ferry (ministre), mon livre [1] publié en 1876 avait répondu d'avance et en riant de bon cœur. Sur les « fils de Loyola, » rivaux vainqueurs de l'Université, tout le monde partage maintenant l'opinion d'Henri IV et la calomnie dirigée contre leurs menées « tortueuses » a le privilège d'exciter l'hilarité universelle.

Quant au programme, essayé par M. Dumas pour la réconciliation à opérer entre la foi et les modernes liberâtres du scepticisme, un autre que lui chevauche ce dada, et j'ai peur, non point pour la foi, mais pour cet autre et pour M. Dumas.

En somme, rien de tout cela n'intéresse le Divorce.

J'aurais voulu finir sur une page qui m'avait charmé dans ce volume où il y a un peu de bien et beaucoup de mal : la page de la Première

---

1. *Jésuites!* chez Palmé.

Communion. Je ne puis la retrouver parce que le livre n'a ni division ni table. Je dirai donc seulement que l'impression qui m'en reste est délicieuse de fraîcheur. M. Dumas a aimé Dieu un jour et ce bonheur supérieur à tous autres a beau prendre fin, la trace n'en périt jamais.

En lisant ces souvenirs exquis, quoique peut-être un peu trop mis en scène, j'étais comme pénétré d'un grand plaisir et d'une grande espérance. Je me souvenais que moi-même, à une époque douloureuse de ma vie, j'avais été jeté à genoux, la face contre terre, aux pieds de mon Dieu crucifié, par la mémoire bénie de ma première communion.

Et je prie ardemment pour un admirable esprit, pour un large et bon cœur égaré sur la pente de sa vie, mais que Dieu regarde encore, puisqu'il pense encore à Dieu.....

Ce matin même, au moment où j'achève cette dernière ligne, je reçois une très longue lettre d'un ennemi, non point de M. Dumas, mais de son livre. Il m'en arrive beaucoup de cette sorte, car le divorce soulève une répugnance générale. Le signataire de la lettre, remarquablement écrite et pensée, m'est connu comme homme de grand mérite et de grand honneur. Il sait Londres par cœur et s'est marié en Angleterre, voici huit ans. Sa lettre pourrait servir de note à la page où je flétris, en passant, la comédie du divorce chez nos voisins.

« ... Depuis huit ans, m'écrit en effet ce juge absolument compétent, j'ai vécu dans un milieu tout anglais, entouré de parents et d'amis protestants. Je vous déclare que M. Dumas se trompe et qu'il ne connaît pas du tout la vie anglaise. La loi du divorce ne rend le mariage en Angleterre, ni plus heureux ni plus stable. Il suffit, pour s'en convaincre, de parcourir les comptes rendus des tribunaux, qui dénoncent un état horrible d'immoralité, car *bien souvent,* après que le juge a prononcé le divorce, le *Queen's proctor* doit intervenir et faire casser ce jugement en prouvant qu'il y a eu collusion entre les parties. que la femme, le mari et l'amant s'entendaient pour fournir des preuves d'adultère.... D'autres fois, c'est le mari, fatigué de sa femme, qui lui tend des pièges infâmes, et la malheureuse, incapable de prouver son innocence, entend prononcer le sentence qui met sa rivale dans son lit.....

«... Et notez, Monsieur, qu'en Angleterre, la société et la religion repoussent également le divorce, admis par la loi civile. La femme divorcée qui se remarie voit *toutes* les portes se fermer devant elle... Et quoique pour les membres de la communion anglicane *le mariage religieux soit le seul qui existe,* LA LOI N'OBLIGE PAS LE MINISTRE *à bénir cette seconde union.* ELLE LE LAISSE EXPRESSÉMENT LIBRE DE REFUSER LE MARIAGE A UNE PERSONNE DIVOR-

CÉE ! » M. Dumas ignorait sans doute cette circonstance si curieuse, quand il a chanté les
bienfaits du divorce en Angleterre.

Je transcris quelques lignes encore... « Un
autre passage du livre m'a frappé, c'est celui
où l'auteur prend à partie le R. P. Ventura,
pour avoir argué de la *vente publique* des
femmes en Angleterre. Il faut vous dire que
j'ai partagé l'avis de M. Dumas et accusé le
P. Ventura d'exagération. Mais aujourd'hui
l'exemplaire que je possède de sa *Femme catholique* se trouve grossi de plusieurs coupu-
res prises par moi dans les journaux anglais de
ces dernières années, l'une entre autres relatant
LA VENTE D'UNE FEMME PAR DEVANT NO-
TAIRE!... »

Le P. Ventura, en effet, n'avait pas été si
loin que cela, mais moi aussi je connais très
intimement mon Angleterre, et avant même
d'avoir reçu ce renseignement si original, dont
je rends grâce à mon correspondant, je savais

que le divorse n'a point du tout la même efficacité que la lyre d'Orphée pour adoucir les mœurs des nations...

Ici je termine parce que l'imprimeur attend à ma porte, ce volume écrit avec trop de hâte et auquel il faudrait ajouter tant de pages !

TABLE DES MATIÈRES

PARIS. — IMP. V. GOUPY ET JOURDAN, RUE DE RENNES, 7i

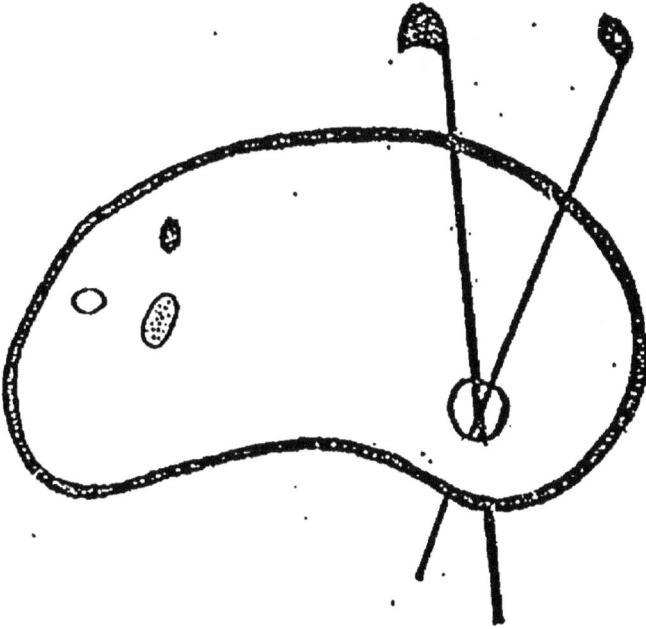

ORIGINAL EN COULEUR
NF Z 43-120-8

www.ingramcontent.com/pod-product-compliance
Lightning Source LLC
Chambersburg PA
CBHW061118220326
41599CB00024B/4084